坐禅ひとすじ

永平寺の礎をつくった禅僧たち

角田泰隆

角川文庫
15037

目次

第三章　誓願　

第五章　躍進　

図版／大本山永平寺所蔵
イラスト／廣野　勝

まえがき――『坐禅ひとすじ　永平寺の礎をつくった禅僧たち』の刊行にあたって

平成二十年は、福井県にある曹洞宗《そうとうしゅう》の大本山永平寺《えいへいじ》の第三世徹通義介禅師《てっつうぎかいぜんじ》（一二一九～一三〇九）の七百回御遠忌《ごおんき》にあたります。

永平寺は、道元禅師《どうげんぜんじ》（一二〇〇～一二五三）が、寛元《かんげん》二年（一二四四）に開創され（最初は大仏寺《だいぶつじ》といい、一二四六年に永平寺と改称された）、第二世懐奘《えじょう》禅師、第三世義介禅師と受け継がれ、その後代々御開山道元禅師の教えが厳格に伝承・実践され、現住の第七十九世福山諦法禅師に至るまで、綿々と多くの禅僧たちによって護《まも》られてきた禅の大修行道場です。現在も二百人ほどの雲水が日夜、修行の生活を送っています。

永平寺も、時の流れに従い、文化や環境の変化、科学の発達等に従って、多少は修行の形態は変化してきましたが、坐禅・勤行《ごんぎょう》（読経）・作務《さむ》（掃除）等の毎日の修行や、洗面・洗浄（浄髪や排泄《はいせつ》）・飯台《はんだい》（食事）の細かな作法は数百年の間、ほとんど変わることなく、師匠から弟子へと、古参（先輩修行僧）から新到（後輩修行僧）へと、人から人へ確実に伝えられてきました。

だからこそ、七百五十年前のおもかげを今になお残している永平寺。この寺を訪れる人びとは、その幽遠な環境と荘厳なたたずまい、修行僧たちの真剣ですがすがしい態度に、心を洗われるといわれます。それは、道元禅師はじめ、仏法を尊び、永平寺を愛し、護ってきた禅僧たちの心が、今もなお環境や堂宇や修行僧の心の中に生き続けているからではないかと思われます。

人びとの心が荒廃してしまったかのように思われる現代社会において、このような寺の存在は、まことに貴重であると思われます。

その礎を築いたのが、本書に登場する禅師方であり、それぞれの禅師が何を学び、何を考え、何を行ったのか。そして、私たちに何を伝えようとされ

750年前のおもかげを今になお残している永平寺

たのか、本書では義介禅師を中心にして、初期の永平寺の様子を物語ってみたいと思います。

永平寺の草創期は必ずしも順風満帆ではありませんでした。皆が道元禅師を慕い、永平寺を大切に思いながらも、現実を生きるにあたっては、波風も立ち、熱い心のぶつかり合いがあったのです。

本書は、道元禅師の中国での修行時代の様子を伝えた『宝慶記《ほうきょうき》』や、道元禅師の主著『正法眼蔵《しょうぼうげんぞう》』や、道元禅師の説法の記録である『永平広録《えいへいこうろく》』『正法眼蔵随聞記《ずいもんき》』、あるいは道元・懐奘・義介の三禅師の伝記を綴った『永平寺《えいへいじ》三祖《さんそ》行業記《ぎょうごうき》』ほか種々の史資料を参照して、できるだけ史実に基づいて著しました。

しかし、読みやすくするために会話形式にした部分や、資料がなく推測によらなければならない部分など、創作した部分も少なからずありますし、また道元禅師の著作や伝記資料の解釈において諸説があるなかで、筆者の見解によった部分もあることを、ご了承いただきたいと思います。

第一章　黎明

師、如浄禅師との別れ

帰って仏法を弘めるのだ

中国は宋《そう》の時代、宝慶《ほうきょう》三年（一二二七）夏。浙江省《せっこうしょう》の寧波府《にんぽうふ》、天童山景徳《てんどうざんけいとく》寺《じ》で道元《どうげん》禅師は修行していた。すでに悟《さと》りをひらき、如浄禅師《にょじょうぜんじ》の仏法を正式に継承し、師の認める後継者の一人となっていた。時に如浄禅師は六十六歳、かなり身体は衰弱《すいじゃく》していた。道元禅師は如浄禅師のお側にお仕えして看病をしながら、悟って後もさらに厳しい修行を続けていた。

ある日、如浄禅師は道元禅師に告げた。

「道元よ、看病をしてもらうことはありがたい。しかし、おまえには成さな

道元禅師は、悟って後も、衰弱した如浄禅師の看病をしながら修行を続けていた。

ければならないことがある。日本において坐禅《ざぜん》の仏法を弘めるのだ。おまえに看病してもらったところで、もう私の命はどうなるものでもない。今度の日本への船で帰郷しなさい」

道元禅師は師の思いを知りながらも嘆願して言った。

「そんなことをおっしゃらないでください。私にはまだまだ教えて頂きたいことがたくさんあります」

「おまえがまだ教わらなければならないことがあるとすれば、それはこの天童山での儀式やしきたりのことだ。しかし、仏の道において肝心なことはすでにすべてを伝え終わっている。おまえには仏の道のあり方はすべて伝授《でんじゅ》したのだ。ここにいる必要はない。日本には日本の風習があろう。儀式やしきたりは、おまえなら随意、思うに任せて行うがよい」

「確かに、仏の道においてはもう迷うことはありません。ひとすじに坐禅をすすめ坐禅の道を歩むのみです。しかし、せめてもうしばらく、お近くにいてお世話させてください」

「私はもう余命《よめい》いくばくもないであろう。看病してくれる者は他にもいる。おまえは一日も早く日本に帰り、私から受け継いだ教えを実践《じっせん》し、祖国の人々に弘めるのだ。それが私の一番の願いだ。それが分からぬか。もう何も言うことはない。去れ」

いつもにも増して、如浄禅師の言葉は厳しかった。

道元禅師には師匠《ししょう》の思いは痛いほど分かっていた。師匠にとっても、愛弟《まなで》子《し》が身近に居てくれることは心強かった。しかし、それ以上に仏道は重かった。師匠の辛《つら》く、そして激しい思いに従うこと、それが師匠の恩に報いる最高の道であることも道元禅師は自覚していた。

「早く帰れ！　帰って仏法を弘めるのだ」（『永平寺三祖《さんそ》行業記《ぎょうごうき》』）

これが、まことの仏祖（釈尊〈仏陀《ブッダ》〉から代々教えを受け継いできた和尚《おしょう》たち）の言葉であり、仏祖の教えを受け継ぐ如浄の、いつわりのない思いであった。如浄禅師にとって、看病してもらったところでどうなるものでもなかった。それよりも、一日もはやく日本に帰って仏祖の正しい教えを弘めてほしい、それこそが願いであった。道元禅師は師の思いを知り、ついに帰国を決意した。

四年前のあの時のことが思い出されていた。師のごとく慕う明全《みょうぜん》と共に入《にゅっ》宋《そう》する（中国の宋の国に渡る）決意をした時のことである。

明全和尚と入宋する時のこと（回想）

看病か入宋か

振り返れば四年前、建仁寺《けんにんじ》にいた道元禅師は、明全和尚《みょうぜんおしょう》が入宋を志しながらも、明融阿闍梨《みょうゆうあじゃり》に引き留められ、ついに同僚《どうりょう》を集めて評定《ひょうじょう》した時、その席に同座していた。

＊　＊　＊

明全和尚の師匠でもあり、育《そだ》ての親でもあった阿闍梨は、重病にて床に臥《ふ》し、余命いくばくもない状態であった。時に阿闍梨は、かねてより本場の禅の教えを求め、入宋を志していた愛弟子《まなでし》明全が、その絶好の機会を得ていたことを知りながらも、それを引き留め、自分の看病と最期《さいご》の看取りを嘆願していた。明全和尚は悩んでいた。そして、弟子・法類《ほうるい》等を集めて意見を聞いた。

「私は幼い頃、出家してより、師に養育していただいて成長してきた。この恩はとても重い。また仏教の教えを知り、同輩の中でもずいぶん重んじられるようになり、今また中国に渡って仏法を学びたいという志《こころざし》を起こすようになったのも師のおかげである。ところで今、私を育ててくれた師匠は重病の床に臥し、もう余命いくばくもない状態だ。回復も見込めないであろう。

その師匠が私の入宋を延期して看病してほしいと願っている」

「…………」

「師の願いに背《そむ》くことも辛いが、私が今、身命を顧《かえり》みないで中国に仏法を求めるのも修行者の大いなる願いであり、その目的は人々に利益を与えるためである。師の願いに応じて留《とど》まるべきか、師に背いても仏の道を求めて宋の国に行くべきか、皆の率直《そっちょく》な思いを聞かせてほしい」

集まった弟子たちは、しばし口を閉ざしていたが、一人が、

「今年の入宋は留まられるべきでしょう」

と発言すると、異口同音《いくどうおん》にその意見に賛同した。

「阿闍梨の病気は重く、死も間近《まぢか》でしょう。今年だけは留まられて、来年入宋されたらいかがでしょう」

「そうです。そうすれば、お師匠さまの命にも背かず、重き恩にも報《むく》いることができるでしょう」

明全和尚は、同僚たちを集め、入宋（中国留学）について相談した。

「私も今の入宋には反対です。半年や一年、入宋が遅れても大した修行の妨《さまた》げにもならないでしょう。そうすれば弟子としての務めも果たすことが出来ますし、入宋の志も果たせるでしょう」

皆、同じ意見であった。

その時、末席にいた道元禅師は、他の弟子たちとは異なった思いを持っていた。発言を求められると道元禅師は率直に述べた。他の仲間と異なり、ただ一人、人情ではなく悟りを問題とした。

「明全さまが、今はまだ悟りを開いていなくても、きっと悟りとはこういうことであるに違いないというものを確信しておられるなら、入宋を急がずともよろしいでしょう」

「そうである。仏法の修行は今のようなあり方でよいと思っている。このような修行を続けていったならば、いずれ悟りをひらくこともできるであろう」

「そうであるなら、お留《とど》まりなさるのがよろしいのではないでしょうか」

仏道は世情より重い

このように皆の意見を聞き終わって、明全和尚は自らの心中を語った。

「このたび留まったとしても、死は避けられないのであって、私が留まり看病してお世話したところで命が保たれるわけではなく、一時的に師の心を慰めるだけであろう。そしてそれによって師が迷いから離れて成仏されることもあるまい。それればかりか、師が私の求法《ぐほう》の志を妨げることになれば、かえって師は罪を犯すことになるだろう」

皆、真剣に語る明全の、厳しくそして意外な言葉に姿勢を正した。

「私がもし入宋求法の志を遂《と》げて、少しばかりの悟りでも開くことができたならば、師一人の迷いの情に背いたことによる罪を造ったとしても、多くの人が悟りを得る因縁《いんねん》となるであろうし、その功徳（善行の果報）がもし師に背いた罪の報《むく》いを滅《めっ》して余ることがあれば、師の恩に報いることになるはずである。たとえ私が渡海《とかい》の間に死ぬようなことがあって、悟りをひらくという本意を成し遂《と》げることが出来なかったとしても、求法の志の故に死ぬのであれば、生生世世《しょうしょうせせ》に生まれ変わってその願いは尽きることがないに違いない。玄奘三蔵法師《げんじょうさんぞうほうし》の大いなる誓願《せいがん》の業績《ぎょうせき》を思ってみれば、師一人のために空しく時間を過ごすことは、仏の本意に適《かな》わないはずだ」（『正法眼蔵随聞記《しょうぼうげんぞうずいもんき》』）

明全和尚の意は既に決しているようであった。求道《ぐどう》の心は世情より重かった。そしてついに阿闍梨を説得し、修行に旅立つことになった。

そして、以前から入宋を志していた道元禅師も、明全和尚と共に宋へと渡ることになったのである。

＊　＊　＊

その明全和尚は、二年前、ともに中国へ渡った翌々年、修行半《なか》ばで中国にて没していた。しかし明全和尚にとってその死は禅僧の本懐《ほんかい》（本望）だったのである。

青年僧に見送られて

七月初旬、日本へ向かう船が明州港《みんしゅうこう》より出港することになった。道元禅師はこの船に乗り帰国することにした。この日、如浄禅師のもとで共に修行していた青年僧が港まで見送ってきた。なにやら自らも大きな荷物を抱えている。年は道元禅師より七つほど下で、道元禅師が天童山《てんどうざん》に入り修行を始めた頃から、道元禅師を兄のように慕って共に修行してきた。如浄禅師が老衰した今、道元禅師以外に師として敬うことのできる先輩僧を見出せず、港まで付いて来たのだ。いや、この青年僧は心中、日本に渡る決意をしていた。道元禅師もそのことはうすうす感づいていた。青年僧は切り出した。

「私も日本へ連れて行っていただけないでしょうか。私は、あなたと共に修行がしたいのです」

「…………」

「そう決心してお供してきたのです。師のごとくお慕いしていたのです」

道元禅師は戸惑《とまど》い、そして嬉《うれ》しく思った。しかし冷静に語った。

「私もあなたのことは、心に留めておりました。あなたの修行の様子には抜群の意気込みがあります。私にとっても、あなたが一緒に日本に来て下さることはどんなに心強いでしょう。しかし、………」

今、道元禅師はあの時の明全和尚同様、病床にある師をおいて本国へ帰ろうとしていた。明全和尚の場合と違い、それが師の嘆願であったのだが……

…。

しかし、辛《つら》かったのだ。そんな思いをこの青年僧に託した。

道元禅師を慕う青年僧が、港まで見送りに来た。

「如浄禅師はずいぶん老衰されて、遷化《せんげ》はもう遠いことではありません。あなたは天童山に帰って、如浄禅師のお側にお仕えしていただきたいのです。如浄禅師がお亡くなりになるようなことがあれば、その時は、すみやかに日本に来られたらよいでしょう」（『宝慶寺由緒記《ほうきょうじゆいしょき》』）

道元禅師はこの僧を思いとどまらせた。それが結局は如浄禅師の思いにも、明全和尚の思いにも背くものであり、この僧が仏の道を求める志を妨げるものであることはわかっていながらも、その志を今は受け止めることができなかった。

数年ぶりに日本に帰っても身を寄せるあてもなく、苦難の日々が待ち受けているであろうことは予想するに難くなかった。言葉も通じない異国での修行の厳しさを身をもって知っていた。ましてや日本語を理解できない青年僧である。安易《あんい》に連れて帰ることはできなかったのだ。

この時、涙ながらに港で別れた青年僧こそ、後に道元禅師を慕って日本に

笈《おい》　行脚僧が仏具や衣服、食器などを入れて背負った箱

渡り、道元禅師の弟子となった寂円《じゃくえん》である。寂円は後に永平寺の近くに宝慶《ほうきょう》寺《じ》を建立し、道元禅師の仏法を生涯かたくなに護《まも》りつづけ、草創期の永平寺の僧団に大きな影響を及ぼしていくのである。

それからまもなくの七月十七日、如浄禅師は亡くなった。日本へ向かう船中にいた道元禅師は、そのことを知るよしもなかった。

大海原にて

いろいろな見方がある

中国へ向かう時も同じ海を見ていた。しかし今は違う海に見えた。如浄禅師のもとで悟りを得たのちも、世界は何も変わることがなかったが、道元禅師のものの見方は変わっていた。

離れ行く中国大陸を眺めながら考えた。

こうして船に乗ってしだいに岸から離れていく時、周囲を見回して岸の方を見ると、岸が向こうへ移動していくように見える。しかし目を直に船に着けて見ると、船が進んでいることがはっきりと分かる。自分が動いているのだ。私たちは迷いの心で物事を見る時、世界を見誤る。岸が移動していくと見誤るように、自分が見ている世界が正しい世界だと思い、自分の考えに凝《こ》り固まって、世界を自由に見ることができないでいる。船に目をつけるように、一切《いっさい》の行為《こうい》において、自分自身の足下《あしもと》をよく見つめれば、別の世界が見えてくる。このように私たちは、私の見方以外にいろいろな見方があることを常に認識していなければならない。

（『正法眼蔵《しょうぼうげんぞう》』「現成公案《げんじょうこうあん》」意訳）

もうすでに中国大陸は遥《はる》か遠くに消えゆき、見えるのはただ大海原だけになっていた。しかし、その遥か彼方《かなた》に無限の世界を見ることができていた。船に乗って陸地の見えない海原に出て四方《よも》を見ると、海はただ丸く見えるだけだ。そのほかに違った景色は見えない。しかしながら、この大海は丸いのではない。四角いのでもない。私たちの理解を超えて海はさまざまな姿を現している。同じ海であるが、魚たちは宮殿のように見ている。天人たちは空から眺めて宝石のようだと言う。いま私に海が丸く見えても、それはただ自分の眼が見渡せる範囲において、かりに海は丸く見えるだけなのだ。そのように、あらゆる物事に対する見方も同じである。迷いの世界でも悟りの世界でも、世界はさまざまな姿を現しているが、私たちは自分の能力の及ぶ範囲で見たり聞いたり理解したりしている。自分の見方こそが正しいのではない。自分の認識する世界以外にさまざまな世界があることを知らなければならない。

（『正法眼蔵』「現成公案」意訳）

船上で海を眺める道元禅師

また陽が昇り、また沈んでいく。もう何日が経ったのだろう。海の上での時間は、陸上での時間とまるで違う時間のようだ。同じ時間でも楽しいことをしている時の時間と、辛い仕事をしている時の時間の長さが違う。時間とはいったい何なのだろう。

世界の大小も、いったい何が大きくて、何が小さいのか。大海原にいると大小の尺度が違ってしまう。三千大千世界《さんぜんだいせんせかい》（大宇宙）に比べればこの大海原も小さいものだ。私たち人間は大海原と比べれば、はるかに小さい。しかしまた、私のこの身体を大宇宙としている小さな微生物もいるのだ。

これら、あらゆる疑問もすでに氷解《ひょうかい》していた。

道元禅師の心は、実に柔軟になっていた。物事をありのままに見て、その見方にも執著《しゅうじゃく》しない悟りを得ていた。そしてこの悟りはまさに坐禅の功徳であったのである。いや坐禅そのものであった。

正統な坐禅を弘めるために

どうやって弘めるか

日本の安貞《あんてい》元年（一二二七）秋、道元禅師二十八歳、ついに日本に無事に帰ってきた。安堵《あんど》の思いのなかで、次第に近づいてくる祖国、九州川尻《かわじり》の港を眺めながら、これからまず何をすべきかを思索《しさく》していた。

私は、これからいったい何をすべきだろう。

如浄禅師から伝えられた坐禅の修行を日本に弘めたいが、もうしばらくは、先輩たちが行われたように、さらに自分を磨《みが》くために修行の旅をして歩こうか。

いや、そうしている間にも、本当に道を求める真摯《しんし》な修行者が、誤った指導者に導かれて迷い苦しむことになってしまうかも知れない。すみやかに坐禅の仏法を布教《ふきょう》しなければ……。

そうかといって、まずどこを訪ね、誰に教えたらいいのか。

道元禅師には、語りたいことが数多くあった。師から教わったことも、そして、自らの心の内側から、さまざまな言葉が、語り尽くせないほどの言葉が、まさに湧《わ》き出るようであった。

まずは、私が中国で見聞してきたこと、師から教わった教え、それらを書きとどめ、残しておこう。いたずらに歩き回っても、出会い、縁のあった人だけにしか師の教えを伝えられないだろう。それよりも、その教えをきちんと残しておけば、より多くの人々に弘まり、そして未来の修行僧たちにまでそれを伝えることができるかもしれない。

（『弁道話』意訳）

道元禅師は、中国で学んださまざまなこと、師から伝えられた教え、そして湧き出るような言葉を、書きとどめることにした。

ただ坐るだけ

帰国後まもなく、道元禅師は、『普勧坐禅儀《ふかんざぜんぎ》』を著した。如浄禅師より教えられた正しい坐禅を説き明かし、具体的な坐禅の作法《さほう》を示して、人々に坐禅を行うことを勧《すす》めるためである。

正伝《しょうでん》の仏法《ぶっぽう》における坐禅は、悟りを得るための坐禅ではない。ただ、これは安楽《あんらく》の修行であり、菩提《ぼだい》（悟り）を究《きわ》め尽くす修行である。

（『普勧坐禅儀』）

その坐禅の大きな特徴は「習禅《しゅうぜん》」（悟りを目的とした修行としての坐禅）で

はなく、「安楽の法門」(安らかな修行としての坐禅)であった。ただ黙々と坐《すわ》ればいいのだ。

坐禅をするときは、静かな場所がよいし、満腹でも空腹でもいけない。商売や仕事や活計(家計)のことなどを一切忘れて、日常生活の営《いとな》みを一休《ひとやす》みして、損得勘定《そんとくかんじょう》をせず、善いとか悪いとか、正しいとか誤りだとか、そんなことも考えず、すべて心のはたらきをやめる。悟りを開こうとか、仏さまのようになりたいとか、一切考えず、ただ坐るだけ。

坐る所には座布団《ざぶとん》を敷いて、その上に坐蒲《ざふ》(球形の布団)を置いて、その上にお尻を載せる。まず右の足を左の腿《もも》の上に置き、次に左の足を右の腿の上に載せる。そして右の手を左の足の上に置き、左の掌《たなごころ》を右の掌の上において、親指を合わせる。背筋を伸ばして、前後左右に傾かないように気をつけて、どっしりと坐る。

(『普勧坐禅儀』意訳)

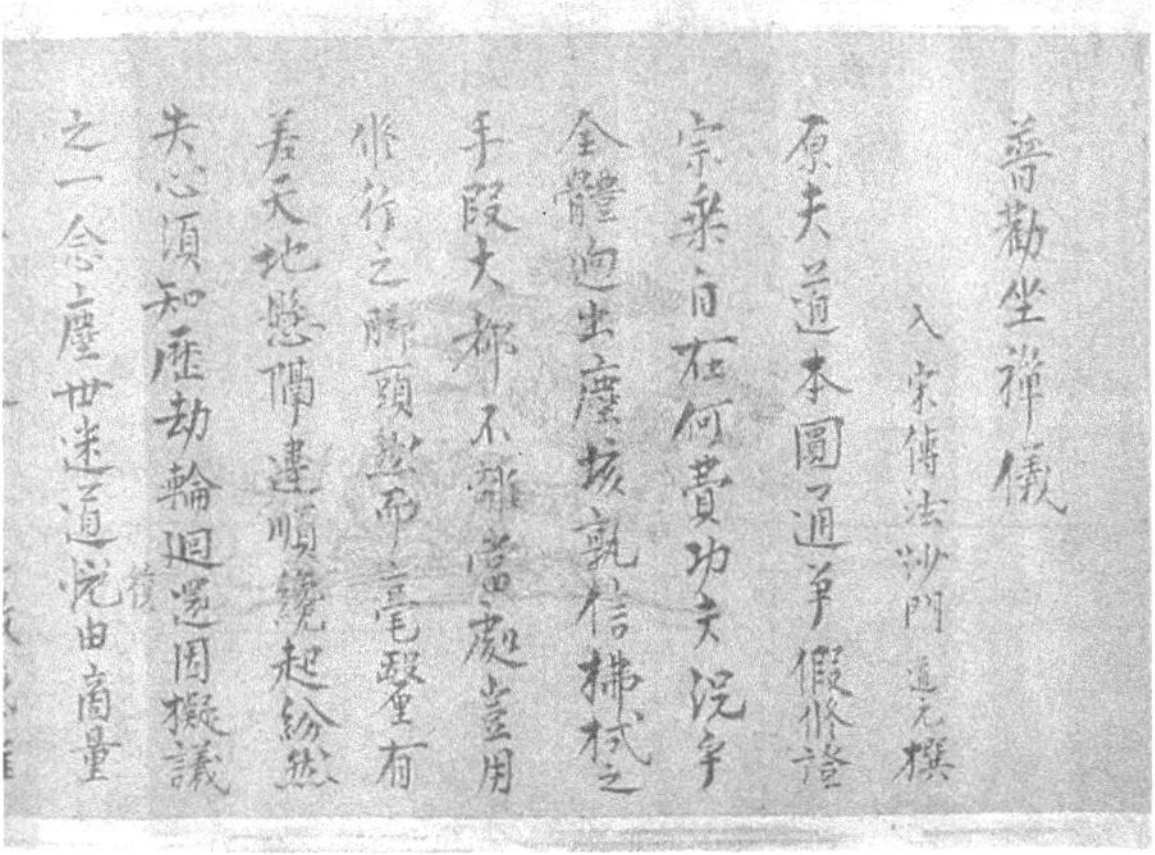
普勧坐禅儀
入宋伝法沙門道元撰
原夫道本圓通争假修證
宗乗自在何費功夫況乎
全體迥出塵埃孰信拂拭之
手段大都不離當處豈用
脩行之脚頭者然毫釐有
差天地懸隔違順纔起紛然
失心須知歴劫輪廻還因擬議
之一念塵世迷道亦由商量

普勧坐禅儀（国宝）

姿勢を整え、呼吸を調える。そうすると自然と心も調ってくる。何も求めず、無条件に坐る。それでいいのである。

当時、坐禅といえば一般的には、悟りを得ることを目的とした修行であり、その一つの方法であると思われていた。広くすべての人々に坐禅を勧めるにあたり、そのような誤解をまず正さなければならない。なぜなら、自ら中国に渡り如浄禅師より正しく伝えた正統的な坐禅は、悟りを求める手段としての坐禅ではなかったからである。

坐禅は悟りを得るための苦行ではなく、安楽の行であり、この自分がそのままますぐに仏となる行であった。しかし、それを人々に理解してもらうことは難しかった。

寂円がやってくる

このような坐禅を人々に勧め、正しい仏法を国中に弘めたいとの強い願いを持っていた道元禅師は、帰国の翌年、安貞二年（一二二八）、京都に入り、栄西《えいさい》禅師が開いた建仁寺《けんにんじ》に身を寄せその実現をはかった。しかし、その願いを実践することは簡単なことではなかった。

かつて栄西禅師は、純粋な禅の教えを日本に弘めようと志しながらも、当時の仏教界との軋轢《あつれき》を避けて、天台《てんだい》や真言《しんごん》の教えの布教も兼ね備えた道場を開いた。しかし道元禅師は、そのような妥協《だきょう》を全《まった》く考えておらず、禅の流れを汲《く》む教えを「正伝《しょうでん》の仏法《ぶっぽう》」と主張した。ゆえにこれを布教することは非常に困難であり、ただちに、朝廷や武家の帰依《きえ》（信仰）を受けて寺を建てるなどというわけにはゆかず、まさしく浮き草に寄るように、縁あるところに身を寄せなければならなかったのである。

そんなある日、思いがけない僧が京都建仁寺に仮住まいする道元禅師を尋ねてきた。中国、寧波《にんぽう》の港で別れたあの寂円である。その時の志のとおり、はるばる中国から道元禅師を慕ってやってきたのだ。道元禅師が帰国後、京に向かい建仁寺に身を寄せることは別れの時に知らされていた。

太宰府《だざいふ》に到着してから京都までの道のり、日本の地理に不案内な寂円は随《ずい》分《ぶん》苦労したようであったが、そのおかげか、日本語での会話も少々できるようになっていた。

「如浄さまは、あれからまもなく、七月十七日にお亡くなりになりました」

七月十七日といえば、道元禅師が如浄禅師と別れ明州の港を出港してまもなくのことである。もう少し留《とど》まっていれば師の最期を看取ることができたはず………、しかし、後悔はなかった。寂円より如浄禅師の最期の様子を聞くと、雷を轟《とどろ》かすような、獅子吼《ししく》（獅子がほえる）のような遺偈《ゆいげ》（最後の言葉）を残して示寂《じじゃく》（僧が亡くなること）されたという。如浄禅師らしい最期であった。六十六歳であった。道元禅師には、師の遺誡《ゆいかい》が思い出され、弘法《ぐほう》救生《ぐしょう》（法を弘め衆生を救う）の思いを新たにした。

道元禅師のもとに多くの僧侶や信者が集まった。

この寂円の来日は、大いに道元禅師を励ますこととなった。中国僧が道元禅師を慕ってはるばる日本にやって来たという噂《うわさ》は、たちまちに広まり、道元禅師のもとに多くの僧俗が集まり、その教えに触れることになった。

興聖寺を開く

寛喜《かんぎ》二年（一二三〇）には深草極楽寺《ふかくさごくらくじ》の別院安養院《あんよういん》に移った。とはいえ、これも仮住まいであり、苦難の年月が続いた。そのような、雲や水の流れるがごとく、浮き草の漂うがごとくの生活のなかでも、道元禅師は、自ら伝えた教えを明らかにし、それを人々に伝えようと、寛喜三年（一二三一）に『弁道話《べんどうわ》』を著し、坐禅や修行の意義を説いた。

修行と悟りが一つではないというのは、仏教の考え方ではない。仏教では、修行と悟りは一つであると教える。悟りのうえの修行だから、初心者の修行が、そのまま悟りそのものである。……すでに修行が悟りだから、悟りに終わりはなく、悟りのうえでの修行だから、修行に始めはない。

（『弁道話』）

腰を据えた布教の拠点《きょてん》をもたない道元禅師であったが、それでも、まことの道理を諸所で語る禅師の名声は、月日を追って高まり、在俗の信者も次第に増えていった。ついに、六年の歳月を経た天福《てんぷく》元年（一二三三）、京都深草の極楽寺の旧跡《きゅうせき》に、観音導利《どうり》興聖宝林寺《こうしょうほうりんじ》（興聖寺）を開創することになったのである。

道元禅師はこの寺で多くの僧俗を集めて語った。

私は、宋の国において、正しい師を求めて修行道場を巡り歩いた。そして、たまたま如浄禅師にお逢《あ》いすることができて、如浄禅師のもとで、確かな仏法を明らめることができた。確かな仏法といっても、実は、眼は横に並び、鼻は縦にくっついているというような、あたりまえのことであった。この、あたりまえの仏法を会得して、それ以後は、誰にも騙《だま》されることのない確かな落ち着きどころを得て、そして、まさに何も携えず、この身一つで日本に帰ってきた。だから、何か特別な仏法などというものも一欠片《ひとかけら》もないし、その実践といっても、ただ過ぎるままに時を過ごすだけだ。毎朝、太陽は東から昇り、毎晩、月は西に沈む。雲がはれあがると、山肌《やまはだ》が現れ、雨が通り過ぎると、あたりの山々は低い姿を現す。……三年が過ぎると閏年《うるうどし》に逢い、鶏《にわとり》は早朝に鳴くものである。……そのほかに、何か特別な仏の教えがあるのではない。

（『永平元禅師語録《えいへいげんぜんじごろく》』）

第二章　興隆

懐奘、道元禅師を訪ねる

道元禅師が京都の深草《ふかくさ》に興聖寺《こうしょうじ》を開いた翌年の文暦《ぶんりゃく》元年（一二三四）、後に道元禅師のあとを嗣《つ》ぎ永平寺の第二世となる懐奘《えじょう》（一一九八―一二八〇）が興聖寺を訪ねた。懐奘は、同じ禅の教えを掲げる日本達磨宗《にほんだるましゅう》という宗派の僧侶であったが、道元禅師の名声を聞き、その禅の真偽を確かめに来たのである。

日本達磨宗とは、大日房能忍《だいにちぼうのうにん》を祖とする鎌倉時代初期の禅宗の一派である。能忍は独学で経論を学び、禅を習って悟りを開き、摂津水田《せっつすいた》（大阪府吹田市）の三宝寺《さんぼうじ》を拠点として禅の教えを説き、多くの民衆の帰依をうけていた。しかし、仏教の多くの宗派では、教えの継承ということを重んじていたため、師のない能忍はそのことを人々からそしられていた。

そこで能忍は、自らの悟りの境涯を書にしたため、文治《ぶんじ》五年（一一八九）、門弟の練中《れんちゅう》・勝辨《しょうべん》の二人を中国（宋）に遣わして、その書を育王山《いくおうざん》の拙菴徳光《せったんとっこう》（一一二一～一二〇三）に届け、その印可証明《いんかしょうめい》（悟りの境涯がすぐれていることの証明）を得たのである。拙庵徳光は、宋代の看話禅《かんなぜん》（古人の言行を学ぶことによって悟りを目指す禅）の大成者として有名な大慧宗杲《だいえそうこう》の弟子であり、当代一流の禅者の証明を得たということで、能忍の名声はますます揚がり勢いを増すことになった。

しかしその勢いが比叡山延暦寺《ひえいざんえんりゃくじ》に聞こえるにおよび比叡山が動いた。比叡山は禅の新興《しんこう》勢力を嫌い幕府に働きかけ、その布教を禁止させたのである。

建久《けんきゅう》五年（一一九四）、日本達磨宗は比叡山の弾圧を受け、能忍らは、奈良の多武峰《とうのみね》に逃げ移り、ついには、甥《おい》の平景清《たいらのかげきよ》によって能忍は殺害されるに到る。

この能忍を宗祖とする日本達磨宗は、摂津の三宝寺を拠点とする弟子たちにより、その後も存続してゆくが、このグループとは別に京都の東山《ひがしやま》および奈良の多武峰を拠点として教えを説いたのが能忍の弟子覚晏《かくあん》である。懐奘はこの覚晏の弟子となって修行していたが、覚晏の示寂後、懐奘は道元禅師を尋ねることとなる。

十六歳の義介の動揺

時にこの物語の中心人物、義介《ぎかい》は覚晏の弟子、懐鑑《えかん》に弟子入りして比叡山で修行していた。

時は遡《さかのぼ》るが、義介は承久《じょうきゅう》元年（一二一九）二月二日、越前国稲津保《えちぜんのくにいなづほ》に生まれた。

出家を志し波著寺《はじゃくじ》の懐鑑のもとに入門し剃髪《ていはつ》（髪を剃《そ》る）したのは寛喜《かんぎ》三年（一二三一）、十三歳の時のことである。翌年、比叡山に登り戒《かい》を受けて比丘《びく》（僧侶）となり、その後八年間、比叡山において四教大綱《しきょうたいこう》、性相《しょうそう》の学などの天台宗の教えを学び、懐鑑の勧めをうけて浄土三部《じょうどさんぶ》などの浄土宗の教えも学んだ。

この比叡山での修行中、師の懐鑑の兄弟弟子つまり仏法の上での叔父にあたる懐奘《えじょう》が日本達磨宗を去り、中国（宋）から帰朝した道元禅師のもとに入門したという知らせを聞いた。懐奘が宗旨（宗派）替えをしたという。この知らせは義介の心を動揺させた。

このころ、多武峰の日本達磨宗は興福寺の衆徒に襲撃され寺を焼かれ、四《よ》方《も》に離散し、懐鑑らは越前一乗谷《えちぜんいちじょうだに》（現在の福井県福井市）の波著寺に難を逃れていた。中には、日本達磨宗の教えを受け継いでいこうとするグループもあったが、懐奘は日本達磨宗を去り、いち早く道元禅師を尋ねたのである。

懐鑑も、何人かの弟子を従えており、身の処し方を迫られていた。そして兄弟弟子の懐奘が道元禅師に入門したことは、その後の懐鑑門下の運命をも決定づけるものとなった。義介はまだ十六歳の修行僧であった。

懐奘の入門

坐禅をしているその人が仏

懐奘は道元禅師より二つ年上であり、最初は、ひとつその力量を試《ため》してやろう、との思いで様々な問答を仕掛《しか》けた。道元禅師も懐奘を敬《うやま》い、同じ禅ではありながら宗旨を異《こと》にしていた日本達磨宗の宗徒である懐奘の説をよく聞き、禅の基本的な教えについては同意していた。

懐奘は仏法に関する議論を交わしながら、はじめのうちは、自分と同じような考えであり、同じくらいの力量であると思っていたが、次第に道元禅師の教えが深く広く、実に高尚《こうしょう》であることを感じていた。坐禅《ざぜん》を第一とする道元禅師の信念、禅師の説く坐禅がこれまで思っていた坐禅とは異なることに、はじめは疑念を抱いていた懐奘であったが、その疑念が時を追って氷解していったのである。

道元禅師はひたすら坐禅を行うべきことを強調していた。

「世俗《せぞく》（一般）の人でも、いろいろのことを学んで、そのいずれも中途半端《ちゅうとはんぱ》であるよりも、たった一つのことでもいいから、人前で胸をはれるほどに学ぶことが大切です。それは仏法を学ぶ人も同じで、必ず一つのことを専らにすべきです」

「それでは、仏法においては何を専ら好んで行うべきでしょうか？」

「何を専らにしたらよいかは、それぞれの人の能力に応じて定めるべきですが、私が中国の如浄禅師より伝えた仏法の門下において、専ら勤めるべき行は坐禅です。坐禅は、生まれつきの能力の区別なく、皆が修行することのできる修行法です」

「坐禅を修行する上で、大切なことは何でしょうか？」

「坐禅の基本的あり方は、〝仏になろう〟と求めないことです。求めなくても、坐禅をしているその人が仏なのです」

道元禅師は、念仏や題目《だいもく》と同様、誰にでもできる行として坐禅を勧めた。また、坐禅をして仏となるのではなく、坐禅をすれば仏であると力説した。坐禅の実践を強調し、公案（古人の禅問答）の工夫を説かない道元禅師に、懐奘は質問した。

「ところで、古人の語録を読んだり、公案を工夫したりすることは無用なのでしょうか？」

臨済宗で、行われていた看話禅《かんなぜん》、つまり禅問答などを学ぶということは必要なのかどうかという質問である。道元禅師は答えた。

「公案を学ぶことによって、少しばかりわかったような気持ちになることもありますが、それはかえって仏の道から遠ざかることになるのです。所得を求めず、悟りを求めず、坐禅をして時を過ごすことが、そのまま仏の道です。公案を学んで悟りを開いたという人もいますが、実際は坐禅の功徳によって悟りを開いたのであって、ほんとうの功徳は坐禅することにあるのです」

公案の工夫、つまり、禅の語録《ごろく》について、あれこれと学ぶことよりも、坐禅の実践が大切であることを強調したのである。

懐奘は、次第に坐禅という行に惹《ひ》かれるようになり、それがまことの仏法であると信じるようになっていた。

多くの僧侶が集まる

志を持つことが大切

そして多くの僧侶たちが、次第に入門を願い訪れていた。中には病弱な僧侶もいた。

「私は病弱であり、力量もないので、仏道を学ぶには耐えられません。ですから、仏の教えの肝心要《かんじんかなめ》のところを聞いて独り隠居し生活して命を大事に病気療養をしながら一生を終えたいと思います。そんな生き方もよろしいのでしょうか？」

「病弱であるというのならば、そのような生き方もよいかもしれないが、思うに、昔の仏祖方《ぶつそがた》（修行された方々）も、皆必ずしも筋金《すじがね》入りの強い身心の持ち主ではなかったはずだ。また古《いにしえ》の人が皆、特にすぐれた素質があったのでもないと思われる。しかし、自分を卑下して道心（仏の道を求める心）をおこさなかったり、能力がないからといって修行しなかったものはいない。この世で修行しなかったら、いったいいつの世に生まれ変わって力量のある人になれるというのか、いつの世に生まれ変わって病のない人になれるというのか」

自らに自信を持てない修行者もいた。道元禅師の教えに惹かれながらも、その修行に対する厳しいあり方に、ついていけるかどうか不安だった。

「私は生まれつき鈍根《どんこん》で（能力がなく）、厳しい仏道を歩むことは無理であるような気がします」

「そんなことはない。生まれつき鈍根で能力がないということはない。鈍根というのは志が到らない時、つまり仏道を求める志がまだできていない時のことを言うのだ。力がないのではない、志が足りないのだ。〝劣っている人〟

というのは〝やる気のない人〟のことを言うのだ。〝できるのだろうか〟と引いてしまうのではなく〝必ずやるのだ〟と前に進むことが大切なのである」

このように、中国から純粋な禅の教えを確かに伝え、また、現実の生き方の問題に関する様々な質問に対しても明快に答える道元禅師の名声はますます高まり、多くの僧侶や一般の信者が集まった。修行僧は五十人を超え、その中で懐奘は一番弟子となり、修行僧のリーダーとなっていた。

義介、懐鑑と共に道元禅師のもとへ

日本達磨宗との決別

さて、興福寺の衆徒に襲撃されて寺を焼かれ、四方《よも》に離散した日本達磨宗の懐鑑《えかん》の一団は、越前一乗谷の波著寺に難を逃れていたが、いち早く懐奘が道元禅師を尋ね入門したという知らせは、懐鑑の心を義介以上に動揺させていた。比叡山や興福寺からの弾圧を受け、日本達磨宗として存続していくことは、もはや困難となっていた。

ところで、日本達磨宗の教義《きょうぎ》（教え）は、実に自由であり、戒律《かいりつ》（生活規則）を守ることなど無用とし、あらゆる形式を廃し、思いのままに自在に生きればよいとしていた。人間は本来あるがままに生きれば良いのであって、もともと嫌うべき煩悩《ぼんのう》などというものはなく、この身このままで仏そのものであって、自然の摂理《せつり》に従い「腹がへれば食べ、眠くなれば寝る」、念仏など何の役にも立たず、舎利《しゃり》（遺骨）に供養するのも無意味なこと、などと説いていた。

確かに禅の教えにはそのような一面もあったが、同じ禅宗の流れを汲《く》む臨《りん》

済宗《ざいしゅう》 黄龍派《おうりゅうは》の栄西禅師《えいさいぜんじ》は、この日本達磨宗の教えを信じる者たちを『興禅《こうぜん》護国論《ごこくろん》』において「盲禅悪取《もうぜんあくしゅ》の輩《やから》」（禅のことが分かっておらず、悪事を行っている人々）と厳しく批判していた。栄西禅師は、同じ禅でありながら、厳しい持律《じりつ》主義を説き、戒律を厳格に守ることを、その教えの基本としていたからである。

確かに禅は何事にもとらわれず、自由自在に、あらゆる物事を行うのであるが、しかし、仏教であるからには仏教のきまりに従って生きなければならない、その上の自由であり、その上に悟りはある、それが栄西禅師の主張であった。

道元禅師のもとに集う旧日本達磨宗の門徒

懐鑑らは、同じ禅宗であっても、栄西禅師に頼ることはできなかった。栄西禅師にとって日本達磨宗はいまいましい存在であったのだ。その教えを深く信仰していた者を、受け入れるはずがなかった。

そのような中で、懐奘が道元禅師に受け入れられたことは、驚きでもあり嬉しい知らせでもあった。懐鑑の心は動いていた、道元禅師の教えに耳を傾けてみようと。そして、実際に中国に渡り、禅の本場において身をもって修行し、確かな師承（師匠よりの伝承）を持つ道元禅師の禅に憧憬《しょうけい》の念を抱いていたのである。

ついに懐鑑は、義介ら門弟と共に、深草《ふかくさ》の興聖寺を尋ねた。道元禅師は懐奘同様、彼らを拒否することなく受け入れた。懐鑑らは、そろって弟子入りすることになったのである。時に、道元禅師四十二歳、義介二十三歳の春のことである。

道元禅師にとっても、この出来事は大きな喜びであった。同じ禅の流れを汲む宗派の修行僧が、こぞってやってきたのである。皆、自分がかつて修行した比叡山で大いに仏教を学んだ者たちであり、有能な者たちであった。宗旨は異なっても必ずや如浄禅師の教えを理解するに違いないと確信していた。実際、その後、道元禅師の僧団（教団）は、これら旧日本達磨宗の門徒を中心に形成されていくことになるのである。まさにすばらしい因縁であった。しかしまたこのことが、後に僧団を混乱させることにもなるのである。

義介、道元禅師の教えを受ける

ありのままでよい

道元禅師が修行道場を構える興聖寺に入った義介は、さっそく道元禅師が中国の如浄禅師から伝えた正伝《しょうでん》の仏法を学んだ。

ある時、道元禅師が、

古人云《こじんいわく》、是法《このほうは、》住法位《ほういにじゅうして》、世間相《せけんのそう》常住《はじょうじゅうなり》、春色《しゅんしょく》百花《ひゃっか》紅《くれないに》、鷓鴣《しゃこは》
柳上鳴《やなぎのうえになく》。

〈古人が言っているが、あらゆるものは皆あるべき相（すがた）におさまっており、この相をはなれて別に不変の真理があるのではない。春にはあらゆる花が美しく咲き乱れるし、鷓鴣《しゃこ》は柳の木の上で鳴く。（これらの現実の相をはなれて仏法があるのではない）〉

（『三大尊行状記《さんだいそんぎょうじょうき》』）

と弟子たちに示すのを聞いた。寒い冬が過ぎて暖かい春になると多くの花が一斉に咲く。鷓鴣が柳の木の上で鳴いている。この事実以外に、特別な世界があるのではない。仏法はありのままであり、あたりまえのことであって、

何か特別な教えではない。

義介も頷《うなず》いて聞いていた。少しばかり悟るところがあった。自分がこれまで学んできた日本達磨宗の教えと同じである。そう思えた。日本達磨宗の教えも道元禅師の教えも変わらないではないか。

ありのままとは煩悩のままではない

しかし道元禅師の教えは、もちろん、この言葉ですべてが尽くされるほど単純なものではなかった。そしてこの言葉を真に理解することは実は容易《たやす》いことではなかった。後に義介は、ここに内包《ないほう》する大きな問題に突き当たることになる。そのことを義介はまだ気づいていなかった。

道元禅師は『普《ふ》勧《かん》坐《ざ》禅《ぜん》儀《ぎ》』で説いていた。

原《たず》ぬるに夫《そ》れ道本円通《どうもとえんずう》、争《いか》でか修証《しゅしょう》を仮《か》らん。宗乗自在《しゅうじょうじざい》、何《なん》ぞ功夫《くふう》を費《つい》やさん。況《いわ》んや全体遥《ぜんたいはる》かに塵埃《じんない》を出《い》づ、孰《たれ》か払拭《ほっしき》の手段《しゅだん》を信《しん》ぜん。大都当処《おおよそとうじょ》を離《はな》れず、豈《あ》に修行《しゅぎょう》の脚頭《きゃくとう》を用《もち》ふるものならんや。然《しか》れども毫釐《ごうり》も差《しゃ》あれば天地《てんち》懸《はるか》に隔《へだた》り、違順《いじゅん》纔《わずか》に起《お》これば紛然《ふんねん》として心《しん》を失《しっ》す。

〈そもそも仏の道は悟りの世界へと円満に通じているのであるから、何も敢《あ》えて修行して悟りを開くなどという努力をする必要はない。悟りの世界へと連れていってくれる乗り物は、まさに自動操縦《じどうそうじゅう》であるから、自ら操縦して運転を労《ろう》することもない。身体も心もその全体がもともとチリもアカもついていない清らかなものであるから、それらを払い拭《ふ》く方法を信じて行うこともないし、仏の道は今ここで完結しているので、あちこちと修行に出歩く必要はないのであろう。しかしながら、ほんの少しでもこのことを心得違いすると、天地ほどに遠ざかってしまい、このことを頭だけで受け取って是非《ぜひ》を考えれば、混乱して本来

の心を失ってしまう〉

「ありのままでよい」「あたりまえでよい」確かにその通りである。しかし、迷いの心や、欲望の心、怒りの心、そのままでよいはずはない。仏とは煩《ぼん》悩《のう》・妄想《もうぞう》のままの存在ではないからである。

義介は、この後、修行するうちに、仏法のためには我が命をも惜しまない志を日に日に深めていった。道元禅師は常に語っていた。

「自分の為に仏法を学ぶのではない。ただ、仏法の為に仏法を学ぶのである」

「身心を仏法に投げすてなさい」

「命を惜しまずに修行しなさい」

義介はこの教えを受けて、ひたすら修行に励んだ。

兄弟子、僧海との出会い

先輩の死でますます励む

道元禅師の弟子に僧海《そうかい》がいた。生粋《きっすい》の弟子である。若くして興聖寺《こうしょうじ》の道元禅師を尋ねて剃髪《ていはつ》し、弟子たちの中でも一番はやく道元禅師に随《したが》っており、修行の志篤《あつ》く、聡明で、道元禅師がもっとも信頼し期待する弟子であった。義介が懐鑑《えかん》らとともに興聖寺の道元禅師を尋ねた時、すでに修行僧のリーダー的存在となっていた。義介より三歳ほど年上の僧海は、義介にとってよき先輩であり、目標とする人格者であった。

しかし、残念ながら、義介が入門した翌年の仁治《にんじ》三年（一二四二）の冬、興聖寺僧団の首座《しゅそ》（第一座、修行僧の第一の位に座する者）を務めていたが、突如として病に倒れ、僧海は二十七歳の若さで亡くなってしまった。道元禅師は僧海に大きな期待をかけていただけに、その悲しみは深かった。道元禅師は修行僧を集め、説法を行い、僧海首座の終焉《しゅうえん》にあたっての頌《じゅ》（臨終にあたっての言葉）を示した。

夜来、僧海首座が遷化《せんげ》してしまった。修行僧たちもどれほど残念で悲しいことか。この私も、もう一目おまえの姿が見たいと思っても、あふれる涙でおまえの姿がみえない。

（『永平広録』）

義介にとっても同様であり、世の無常を観じ、ますます求道《ぐどう》の志を堅固にし弁道に励んだ。

比叡山の圧迫

生とは何か、死とは何か

道元禅師は、その教えを世に打ち出す好機を迎えていた。このことは、国中に正しい仏法を伝えたいと願う道元禅師にとって、何よりの喜びであったが、一方で、比叡山からの圧迫も強まっていた。

比叡山は、自らの拠り所とする天台宗のほかに、新しい宗旨《しゅうし》（宗派）や信仰のおこることを警戒《けいかい》し、すでに念仏宗の布教を停止させ、さかのぼる建久五年《けんきゅう》（一一九四）には、大日房能忍《だいにちぼうのうにん》の日本達磨宗《にほんだるましゅう》や、栄西禅師の禅宗の停止を朝廷に奏請《そうせい》（天皇に申し上げて裁可を願う）し、日本達磨宗の能忍は、京都を追われ多武峰《とうのみね》（奈良県）に逃れた後、非業《ひごう》の死をとげたのである。

道元禅師や興聖寺も、例外ではなかった。比叡山の執拗《しつよう》な圧迫が続けられていた。

そのような中、道元禅師はひるむことなく、時折、京都六波羅《ろくはら》の檀越《だんのつ》、波多野義重《はたのよししげ》の私宅におもむいても説法を行った。常に生死の境を生きる武士たちに、生（生きる）とは何か、死とは何か、について語った。

「生」とは、たとえば人が船に乗っている時のようなものです。この船は、私が帆《ほ》を使い、舵《かじ》を取り、棹《さお》をさしているとはいえ、船が私を乗せているのですから、船を離れて私はありません。しかし私が船に乗り、私がこの船を船として用いているのです。この時のことをよく考えてみてください。この時、この船が全世界です。この船を離れて生きる世界はありません。そして大空も大海の水も彼方に見える岸も、船を取り巻く世界は、船の時間とともに移り変わってゆきます。このように、私があるから生があり、生が私を存在させているのです。船に乗っていると

波多野義重木像

き、私も、私を取り巻く環境も、船の働きの中にあります。すべての大地も、すべての空間も、舟の働きの中にあります。生と一つである私、私と一つである生、それはこのようであるのです。

（『正法眼蔵』「全機」意訳）

道元禅師は時折なにやら難しい説法もした。しかし、波多野義重はじめ、武家たちは、道元禅師の説法を難しいと思いながらも、心に響くものを感じていた。世は未だ太平ではなく、常に生と死の狭間《はざま》に生きている武士たちにとって、神仏の加護、あるいは魂の拠り所が必要であった。道元禅師の教えは、次第に彼等の拠り所になっていったのである。彼等は、そのような道元禅師を支え、その僧団を助けようとした。

人を救う真に正しい教えなら

比叡山の圧迫が激しさを増した寛元《かんげん》元年（一二四三）、興聖寺にも危険が迫っていた。すでにそのような状況を見て取った波多野義重は、越前《えちぜん》（福井県）への移住を勧めた。道元禅師にとっても、もはやそうするしかなかった。

と同時に、道元禅師の脳裏には、かつて中国での修行時代に、師匠の如浄禅師が言っていた次の言葉が思い出されていた。

道元よ、おまえはずいぶん若いが、年老いた高僧のような優れた風貌《ふうぼう》がある。山深きところで修行して仏祖の踏み行われた行を実践しなさい。必ずや道が開けるであろう。

（『宝慶記』）

この、深山幽谷《しんざんゆうこく》で修行しなさいという言葉が心の奥深くにとどめられていたのである。道元禅師は弟子たちに告げた。

「人々を救う真に正しい教えなら、いずれ必ずや世に弘まるだろう。たとえそれが人里離れた山奥でも、たとえわずかな人数であっても、教えを実践して怠ることなく確実に伝えていけば、いつか必ず世に受け入れられる。まさに聖胎長養《しょうたいちょうよう》、ひそかに修行を続け仏の命脈《めいみゃく》を保つのだ」

ついに決意し、興聖寺を弟子に任せ、十数年の歳月を過ごした京の都をあとにし、寛元元年（一二四三）七月、越前の地に移った。時に、四十四歳であった。

越前山中に移る

修行を怠ることが、人間をダメにする

越前山中に移った道元禅師ら一行には、過酷な日々が待ち受けていた。波多野義重の外護（力添え）があったとはいえ、気候、習俗《しゅうぞく》等も違い、華やかな都とはかけ離れた越前の山里での一からの再出発である。しばらく、吉峯《きっぽう》

寺《じ》という古寺に身を寄せることになるが、その修行生活は、予想以上に厳しい。

非常に寒く、また充分な衣料《いりょう》（衣服の材料）もなく、食事も充分にとることができない山奥の古寺で、道元禅師は修行僧たちに説いた。

「寒さを恐れてはいけない。寒さが人間をダメにするのではない。寒さが修行をさまたげるのではない。寒さにくじけて修行を怠ることが、人間をダメにするのだ。暑さも同じだ。暑さが人間をダメにするのではない。暑さに負けて、怠惰《たいだ》になることによって、堕落《だらく》してゆくのだ。修行を怠ること、このことを恐れなさい」

（『正法眼蔵』「行特」下）

実際何も物資がなかった。生活は厳しかった。貧しい生活の中で弟子たちを励ました。

貧しい生活こそ仏の道の生き方

「仏道を修行する者は、特に貧しくあるべきである。世の中の人を見るに、財産があると、人はこれを奪い取ろうと思うし、自分は奪われまいと頑張《がんば》る、そこに苦悩が生じる。何もなければ奪われる心配もなく気楽ではないか。貧しくて、しかも貪《むさぼ》りの心がなければ、これほど安楽《あんらく》で、自由自在なことはない。今の我々がそうではないか」

何も食べることのできない日もあった。食べ物が不足し空腹とたたかう弟子たちは少ない食糧に執著《しゅうじゃく》し、貪りの心も生じていた。道元禅師は戒《いまし》めた。

「仏道を行ずる者は、衣服や食べ物を貪ってはいけない。人にはそれぞれ一生に備わった食べ物の分量、すなわち「食分《じきぶん》」があり、与えられた寿命がある。分を越えた食べ物や寿命を求めても得られるものではない。……しかし、出家の僧には、仏道を行ずるための寿命や、「食分」が備わっているのだ。それは釈尊《しゃくそん》（仏陀《ブッダ》）が、自ら百年ある寿命を二十年縮めて、後代《こうだい》の仏弟子のために残された恩によるもので、我々がどんなに頂いても尽きることがないのだ。だから出家人たる者は、仏道修行を専らにすべきで、衣類や食べ物を貪ってはならない」（『正法眼蔵随聞記』巻一）

インドの昔から、僧侶というものは、三衣《さんえ》一鉢《いっぱつ》（三種のお袈裟《けさ》と、応量器《おうりょうき》〈僧侶の用いる食器〉一箇）のほかは財産をもたないものであった。道元禅師は、衣類や食べ物を貪らず、貧乏であることこそが僧侶のあり方であり、仏の道を生きるのにふさわしい生き方であると弟子たちを激励した。

義介、典座に命ぜらる

苦難多き食糧の調達

それにしても、道元禅師ら一行が越前に移ったこの年の冬は殊《こと》に雪が深く、寒さも厳しいものであった。住み慣れない地で、厳しい冬を乗り切ることは、すべての修行僧にとって辛《つら》い試練《しれん》の時期であった。ことに苦難であったのは、修行僧たちの食糧の供給である。

道元禅師に付き従って越前に移った門下は十数人であったが、これらの修行僧の「食事」をまかなうことは、想像以上にたいへんなことであった。

道元禅師は、住み慣れない越前の地で、越前出身の義介を最《もっと》も頼りにしていた。義介には知人も多く、生活環境も周知《しゅうち》しており、すでにひそかに食糧

料理をつくることも修行である。いや、修行
ができた者にこそ許される仕事なのだ。

の調達に奔走《ほんそう》していた。

ある日、道元禅師は義介を部屋に呼んだ。

「義介よ、おまえに典座《てんぞ》を任せたい。修行僧の食事のことを司《つかさど》って欲しい」

典座とは、修行僧の食糧の調達から調理、給仕《きゅうじ》にいたるまで、そのすべてを司る重要な役職であり、中国では、大力量の長老が務めていた要職である。

道元禅師は、中国での参師遍歴（師を尋ねてあちこちと巡り歩く）の修行において、この典座という職の重要さを知り、帰朝後、最初に『典座教訓《てんぞきょうくん》』を撰述《せんじゅつ》した。典座職の意義と実践について示したものである。その冒頭に、

古《いにしえ》より道心《どうしん》の師僧《しそう》、発心《ほっしん》の高士《こうし》充《み》て来《きた》るの職《しょく》なり
〈昔からこの典座の職は、道心堅固《どうしんけんご》な、仏道を真剣に求める立派な人物が任命されてきた職である〉
（『典座教訓』）

と示し、この職が並々ならない尊いものであることを強調していた。

台所は大切な修行の道場

大切な自然のいのちである食糧を扱うということは、修行のできた者でなければできない。お米ひと粒《つぶ》にしても、またお米のとぎ汁《じる》にしても、野菜の切り端《はし》にしても、すべて大自然のいのちであり、無駄《むだ》にしてはならない。「コメ」とは言わず「およね」と敬《うやま》って言い、その一粒も無駄にすることはしない。まさに、大自然を我が身心とすることができるような高僧でなければ、この職は真実に全《まっと》うできないものであった。台所は大切な修行の道場であり、調理は修行のできた者にこそ行うことが許される重要な仕事であった。

義介もそのことは認識しており、修行のできた年配の僧侶が務めるべきこの役職を命ぜられ、恐れ多く思いながらも、有り難くその命に従った。

義介は、修行僧の食事を準備するために、毎度、八町（約九百メートル）の曲坂を、桶を担《かつ》いで何度となく上下した。深雪の冬には、その辛苦はなおさらのことであった。

大仏寺の建立

中国天童山景徳寺のような道場がほしい

越前に移った道元禅師ら修行僧たちは、しばらくは、そのような、辛く厳しい生活を送るほかなかった。しかし、波多野義重《はたのよししげ》という有力な武家の外護（力添え）を得て、新たに修行道場が建立《こんりゅう》されることになった。越前出身の義介も、道場の建立にあたって、力を尽くした。

水桶を担いで山道を登る義介禅師

新たに、修行道場を建立するということはたいへんなことである。その上、道元禅師は、かつて修行した中国の天童山景徳寺《てんどうざんけいとくじ》（中国五山《ござん》の一つである大修行道場）に模した道場を是非とも日本に建立したかった。そのため伽藍《がらん》のある程度の図面を記録し持ち帰っていたが、興聖寺が焼き討ちに遭《あ》った時、焼失してしまっていた。

伽藍の建築にあたって大工に指示を求められる道元禅師であったが、十数年前の記憶が頼りである。細部については、覚束《おぼつか》なかった。懐奘や義介は、時に無念さを露《あら》わにする道元禅師の様子を見て、共通の思いを抱いていた。この師の思い、そして師の念願をいずれ実現したいという二人の強い誓願《せいがん》が、やがて懐奘の命によって義介が中国に渡るという願行《がんぎょう》（強い願いを持った行為）へと導くのである。

宮大工たちに仏の道をみる

宮大工《みやだいく》が木を伐《き》り、木を削《けず》り、木を組《く》む。

仏師《ぶつし》が、木を刻《きざ》み仏像を彫《ほ》る。

建築も彫刻も仏行《ぶつぎょう》である。大切な修行である。単に木を組むのではない。一人ひとりの大工の心の和が木を組んでいく。木にも命がある。その命が伽藍となって、新たな命となって、千年の未来を支えていく。木を見て木の特《とく》徴《ちょう》を生かす。よじれ曲《まが》った木は曲ったなりに生かす。南側の材料は南側に、北側の材料は北側に、木に逆らえば、木は反《そ》り、時を待たずして裂《さ》ける。仏を彫るのではない。仏が彫らせる。仏師の心が仏を現《あらわ》す。自然と現れてくる。


道元禅師は宮大工や仏師の技とその心に接して、仏の道と共通するものを感じていた。

機《き》は良材《りようざい》の如《ご》く、師《し》は工匠《くしよう》に似《に》たり。縦《たと》い良材《りようざい》たりと雖《いえど》も、良工《りようく》を得《え》ざれば奇麗《きれい》未《いま》だ彰《あら》われず。縦《たと》い曲木《きよくぼく》と雖《いえど》も、若《も》し好手《こうしゆ》に遇《あ》わば妙功《みようこう》忽《たちま》ち現る。

(『学道用心集《がくどうようじんしゆう》』)

〈機（学ぶ者・修行者）は良い材料と同様であり、師（教え導く者）はすぐれた大工のようなものである。たとえ、良い材料であっても、良い大工の手にかからなければ、すばらしさが彰われてこない。たとえ曲《まが》った木であっても、もし優れた手腕に出会ったならば、すばらしい持ち味がたちどころに現れる〉

優れた手腕に出会い、塔が造られ仏が造られていく。まさにそこに大いなる仏が現れていく、そんな思いであった。まさにこの道場は、大いなる仏の寺、大仏寺であった。

道場の建立はお悟りの心の建立

道元禅師は説いた。

而今《にこん》の造塔造仏《ぞうとうぞうぶつ》は、まさしくこれ発菩提心《ほつぼだいしん》なり。直至成仏《じきしじょうぶつ》の発心《ほっしん》なり。さらに中間《ちゅうげん》に破廃《ははい》すべからず。これを無為《むい》の功徳《くどく》とす、これを無作《むさ》の功徳《くどく》とす。これ真如観《しんにょかん》なり、……これ阿耨多羅三藐三菩提心《あのくたらさんみゃくさんぼだいしん》なり、……これ仏現成《ぶつげんじょう》なり、このほかさらに無為無作等《むいむさとう》の法《ほう》なきなり。

（『正法眼蔵』「発無上心《ほつむじょうしん》」）

〈今こうして塔を建てたり仏を造ったりしているのは、まさにお悟りの心が起こっているのである。直ちに仏と成るような心の起こりである。けっしてこの心を途中でなくしてしまってはいけない。この塔を建てたり仏を造ったりしている功徳は、打算的《ださんてき》な心によらない功徳であり、何物も求めない純粋な行為によって得られる功徳であり、……真実の姿を見ることであり、……この心は無上《むじょう》のお悟りの心であり、……仏が現れ出るのである。このほかに、何も求めない純粋な、すばらしいあり方はない〉

これらの言葉に大工や仏師たちは、どれほど励まされたであろう。まさに皆の心が一つになって、理想の修行道場の完成が目指されたのである。

伽藍の建築が進むあわただしい道場であったが、道元禅師は、『正法眼蔵』の撰述《せんじゅつ》（著述）を続けていた。修行僧に対する示衆《じしゅ》（説法）も怠りなかった。越前の地に移ってから約一年半ほどの間に、三十巻近くの『正法眼蔵』の巻が著された。

そしてついに、寛元《かんげん》二年（一二四四）七月、傘松峰大仏寺《さんしょうほうだいぶつじ》が誕生した。まだ規模は小さかったが、この本格的な修行道場の建立は、道元禅師の永年の悲願であった。ここに名実ともに、正伝の仏法を高らかに説き、実践する礎《いしずえ》が築かれたのである。

この新たな修行道場、大仏寺においても、義介は引き続き典座《てんぞ》の職を務めることになった。新たな修行道場が建立されたとはいえ、まだまだ設備も資材も不十分であり、依然として修行僧の二時（朝食と昼食）の粥飯《しゅくはん》の準備は苦労を伴うものであった。

大仏寺を永平寺と改める

「永平」にこめた道元禅師の思い

寛元四年（一二四六）六月十五日、道元禅師はこの大仏寺の名称を永平寺《えいへいじ》と改めた。「永平」とは、中国の後漢《ごかん》時代の年号で、仏教がインドから中国に伝わった年として、禅の語録などにもこの年号がしばしば用いられている。通説では後漢の永平十年（紀元六十七年）とされている。

インドから中国に初めて仏教が伝わった年の年号をとって、道元禅師が「永平寺」と名付けたのは、自分が中国から日本へ、初めて正しい坐禅の教えを伝えたという自負があったからである。また、「永平」という言葉は、文字通り、永遠に平安であるという意味でもあった。

お釈迦さまの教えを実践する大道場

この日、弟子たちを集めて説法した。

「天にも道があるから、高く澄んでいるのである。人間にも道があるから心は安らかなのである。大地にも道があるから、どっしり落ち着いているのである。

お釈迦さまは、お生まれになったとき、一手は天を指し、一手は地を指し、東西南北に七歩お歩きになって、〝天上天下唯我独尊《てんじょうてんげゆいがどくそん》〟とおっしゃった。お釈迦さまはこのようにおっしゃったが、永平《わたし》はいまこのように言いたい、〝天上天下当処永平《てんじょうてんげとうじょえいへい》〟」

（『永平広録《えいへいこうろく》』巻二）

「天上天下当処永平」とは、この全世界において永平寺はここにしかないことを示した言葉である。全世界にただ一つしかないこの永平寺において、今われわれが修行している。この道場こそ、お釈迦さまの教えを実践している大いなる道場であるという確信であり宣言である。

かつて道元禅師は説いていた。

「修行道場というものは、大勢の修行僧がいれば盛んであり優れているというわけではない。わずかな人数でも、真剣に仏道を修行している者がいれば、それを大いなる修行道場というのだ。まさにこの道場が大いなる道場ではないか」

また、『弁道話《べんどうわ》』には、

大宋国《だいそうこく》も、後漢《ごかん》よりこのかた、教籍《きようじやく》あとをたれて一天《いつてん》にしけりといへども、雌雄《しゆう》いまださだめざりき。祖師西来《そしせいらい》ののち、直《じき》に葛藤《かつとう》の根源《こんげん》をきり、純一《じゆんいつ》の仏法《ぶつぽう》ひろまれり。わがくにもまたしかあらんことをこひねがふべし。

ヘインドから中国に、後漢の頃に仏教が伝わり、教えを説いた多くの書物が中国全土に弘まったが、その中でどれが優れているのか、いまだ定まっていなかった。しかし達磨大師《だるまだいし》がインドから中国にこられた後は、書物や経論《きょうろん》の優劣の判別ということをはるかに超越して、坐禅の実践というただ一つの純粋な仏法が弘められた。日本もまた、そのようであって欲しいと願うものである〉

という願いを述べていた。その願いが、いまここに実現しようとしていたのである。

永平寺での修行

仏のような生き方をする

永平寺においては、坐禅の行を中心に、きわめて厳粛《げんしゅく》で、綿密な行持《ぎょうじ》が行われていた。道元禅師は、修行のことを「行持」という。一般的にいう「行事」とは違う。修行を保《たも》つという意味である。道元禅師は、日常生活におけるすべての行いが修行であり、その修行は、悟りを開くための手段ではなく、大切なかけがえのない行為であると説いた。であるから、修行という言葉が、悟りを得るための手段・方法と理解されやすいことを考えると、修行のことを行持と言い換えた方がよい。

何か世のため人のためになる善《よ》い行いをして、その報いによっていずれ仏

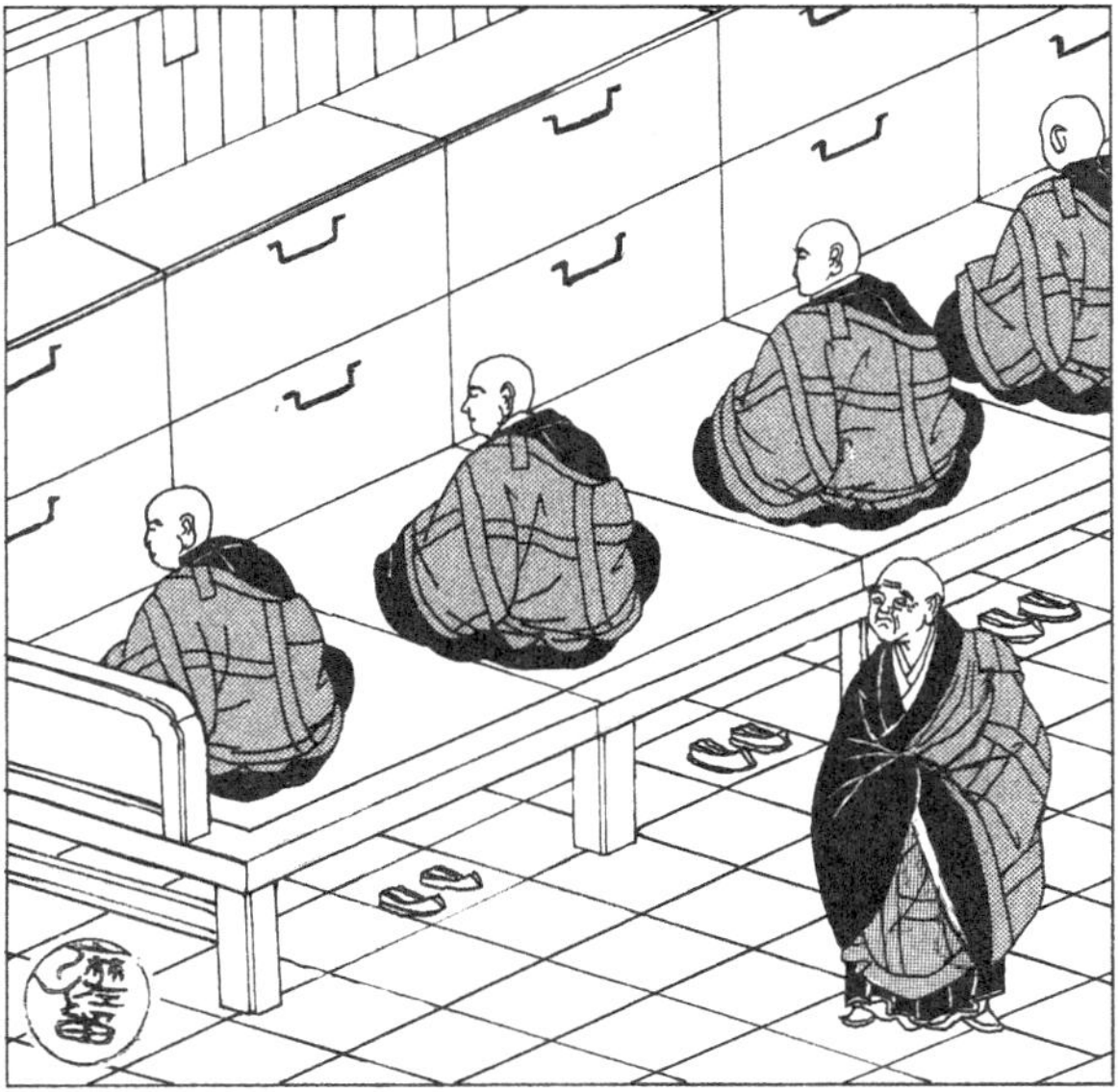

僧堂での只管打坐（ただ坐る）の修行

になろうというのではない。その善《よ》い行いをしているその人自身が、もう仏なのである。真実の仏というのは、すべての行いが仏のあり方をしている完成された修行者であるとも言える。努力して仏をまねている、この段階は真実の仏とは言えないが、しかし、すべてとはいかなくとも、仏のまねをして、少しでも仏のような生き方を身につけようと努力する人を仏弟子《ぶつでし》、あるいは大乗仏教《だいじようぶつきよう》では菩薩《ぼさつ》といい、それが仏教でいう修行者である。

とにかく仏のような生き方をするように努力する。仏によって定められた決まりを守って生きる。だからこそ、一つひとつの威儀作法《いいぎさほう》を仏祖《ぶつそ》(仏陀《ブッダ》の教えを代々伝えてきた高僧たち)が行ってきた作法にしたがって大切に行わなければならない。身体的な威儀作法を身につければ、心も自ずとそれに従って改まりよくなる、と道元禅師は教えた。

自分の身体は仏の身体

ゆえに、歯を磨き、顔を洗うことから入浴、お手洗いの作法まで、事細かに指導した。

私たちの身体が汚れているから清めるのではない。汚れていないけれども、身体を清め、こころを清める教えがあるのである。そして、この清めるということは、単に自らの身体を清めるだけでなく、山河大地《せんがだいち》、大自然をも清めることになるのである。

(『正法眼蔵』「洗浄《せんじょう》」)

道元禅師は、このように語り、仏のような清らかな生き方をするために、髪を剃《そ》り、爪を切り、顔を洗い、歯を磨くこと等の大切さを教え、食事の作法や、洗面、排泄《はいせつ》の作法にいたるまで、経典（律）に基づいて、詳細に説き明かしていた。そして、実際永平寺では、その実践が行われた。自分自身の身体を、仏の身体とし、仏の行われた行いをそのまま行う。そして知らず知らずのうちに、心も次第に仏の心に近づいてゆくのである。

第三章　誓願

道元禅師、鎌倉へ行く

道元禅師は悩んだ

このように、永平寺でひたすら修行生活を送る道元禅師のもとに、あるとき思わぬ知らせが届いた。道元禅師の僧団（教団）を大きな力で援助していた波多野義重《はたのよししげ》より、鎌倉へ下向してくれないかとの要請である。

道元禅師は、村上天皇第八代の末裔《まつえい》、久我通具《こがみちとも》（一説に、その父の久我道親《みちちか》）を父とする公家《くげ》の出身であり、比叡山で出家・修行し、命がけで入宋《にゆっそう》を果たし、中国から新しい禅の流れを汲《く》む仏法を伝えたという名声は、時の執権《しっけん》、鎌倉の北条時頼《ほうじょうときより》にも伝わっていた。時頼は配下《はいか》であった義重と道元禅師との深いつながりを知り、義重に道元禅師を鎌倉に連れてくるように命じたのである。

道元禅師は悩んだ。師の如浄《にょじょう》は、権力に近づくことを嫌い、出世のために権力に諂《へつら》う禅僧たちを厳しく批判していた。道元禅師に対しても、権力に近づいてはならないと教えていたからである。

しかし、京都での法難から禅師らを救い、越前へ布教の場を開いてくれた義重である。そして今、永平寺の檀越《だんのつ》となり、雲水（修行者）の生活を支えてくれている義重の依頼である。

「権力に近づいてはならない」という師の教えを守って、時頼の招請《しょうせい》を断るべきか。それならば、義重の外護に頼り永平寺の建立を成し遂げたことは、権力に頼ったことにならないのか。師の教えに従わなかったことにならないのか……。

道元禅師は悩んだ。そして義重もまた、禅師が権力に近づくことを望んでいないことは重々承知して心を痛め、時頼との間に入って義重もまた苦しんでいたのである。

義重の心中を察した道元禅師は、ついに鎌倉行きを決意した。

義介、道元禅師不在の永平寺をまもる

義介、監寺《かんす》に就任

宝治《ほうじ》元年（一二四七）の夏、典座《てんぞ》であった義介は、さらに抜擢《ばってき》されて、寺の経営を司《つかさど》る監寺の職に就くことになった。監寺という職は、寺の実際の運営に当たる責任者である。道元禅師が義介を監寺の職に任命したのは、留守中の永平寺の運営を義介に任せるということにほかならなかった。関東への

旅は、義重ら武士が伴うとはいえ、苦難の旅になることが予想された。道元禅師の身を案じる懐奘《えじよう》は、同行を当然の事として準備に当たっていた。永平寺の運営を安心して任せられるのは、義介だった。二人の義介への信頼は厚かった。

すでに義介は、衆中において群を抜く弟子となっていた。寺院の経営ということにおいても、すばらしい手腕をもっていた。何を任せても全力を尽くしてきちんとやり遂げる、実に有能な弟子として、道元門下の中で、光り輝いていたのである。

宝治元年（一二四七）八月、道元禅師らは永平寺を発《た》ち、鎌倉へと向かった。そして翌年三月に永平寺に戻るまで、約半年鎌倉に滞在したのである。

宝治元年四月には、三浦氏が鎌倉幕府四代将軍、藤原頼経《ふじわらのよりつね》を擁して復権をもくろみ、北条氏によって一族みな殺しになるという事件が起き、鎌倉は武家の勢力抗争の修羅場《しゆらば》となっていた。そんな政情のさめやらぬ鎌倉での滞在の日々は、道元禅師一行にとって苦痛を伴うものであった。

ときに時頼は、鎌倉に道元禅師を引き留めようと、鎌倉に大寺院を建立し、道元禅師を開山に迎えようとした。しかし道元禅師は固く辞退した。

仏法において、権力は必要なかった。

世法においても、配下を捨ててその頭領に付くようなことを恥じたのである。

道元禅師にとって、小寺ながら永平寺を支えてくれている波多野氏こそ大切であった。それ以上の権力の外護は、望むべくもなかった。

道元禅師、帰る

仏教の基本は因果の道理を知ること

宝治二年春、道元禅師は鎌倉を離れ、三月十三日、永平寺に戻った。翌朝、弟子たちを集めて語った。

私は昨年八月三日に、永平寺を出発して相州鎌倉郡《そうしゆうかまくらごおり》に行き、檀那俗弟子《だんなぞくでし》のために説法をしてきた。そして昨日帰ってきて、今朝こうして法座《ほうざ》に陞《のぼ》っている。この鎌倉行きを、ある者は、「いくつもの山を越え谷を越えてはるばる鎌倉まで行って俗弟子のために説法するということは、俗人を重んじ我々僧侶を軽んじるものではないか」と。また、ある者は、「未《いま》だかつて説いていない教えや、我々が聞いていない教えがあったのだろうか」と疑っているかもしれない。しかしながら、特別な教えを説いてきたのではない。ただ、俗弟子たちに、因果《いんが》の道理を説いてきただけである。そうではあるが、この鎌倉行きを通して私には、明らかにし、説き、信じ、行うことができたことがある。みなよ、その道理を知りたいだろうか。……。お笑いごとであるが、私はただ因果の道理を説いてきた。修行を誤ったのか、あわれなことに水牛《すいぎゅう》となってしまった。

（『永平広録』巻三）

「水牛となる」というのは、中国の禅僧、潙山霊祐《いさんれいゆう》（七七一—八五三）の「水牯牛《すいこぎゅう》」という故事によるもので、潙山が生まれかわって水牛となって人々のために尽くしたという衆生済度《しゅじょうさいど》（衆生を救うという誓願、願い）を示したものである。道元禅師は、衆生を救うために「因果歴然」を説いた。因果歴然とは「原因と結果は明らかである」ということであるが、ひいては「悪事を行うことをやめて善事を行うことの大切さ」を説いてきたのである。しかしそれは、仏教の基本であって、仏法の極意は、それを遥かに越えた深遠な教えであった。しかし、仏法の極意《ごくい》はとうてい人々に理解できるものではなく、また受け入れられるものではなかった。だから道元禅師は、ただ仏法の基本である因果の道理を説いてきたのであった。

精神世界の荒廃した鎌倉の武家社会で、道元禅師の深遠な教えは、受け入れられるような状態ではなかった。それ以前に、仏法の基本的な道理である因果の道理を説くことが必要だった。因果は歴然であって、悪事を作《な》した者は地獄に堕ち、善を行った者は天上界に昇ると。悪事を行えば恨みを買って自分が害される。いつまでも、因果はめぐってしまう、だから、争いはいけない、殺してはいけない、傷つけてはいけないと、その一事を説き続けてきたのである。それが精一杯であった。

ほんものの弟子を育て上げる大切さ

続けて、道元禅師は語った。

「私が永平寺を留守にして鎌倉にいた半年あまりは、大空に孤独なまるい月がぽっかりと浮かんでいるようであった。今日永平寺に帰ってきて、雲が喜んでいるような気配を感じるし、山を愛する想いが以前にも増して甚大《じんだい》だ」

(『永平広録』巻三)

道元禅師は嬉しかった。永平寺は、旅立つ前と同様に光り輝いていた。みな黙々《もくもく》と行持を続けていた。何一つ変わりなかった。

義介《ぎかい》は、道元禅師不在の約半年の間、禅師に代わって寺を運営し、修行僧を統率《とうそつ》し、無事その任を果たしていた。監寺《かんす》という重職を務めながらも、昼は作務《さむ》（労働）、夜は勉学に励み、監寺としての果たすべき責務を果たさざるはなく、その上、坐禅功夫《ざぜんくふう》にもよく精進《しょうじん》したのである。時に、義介は二十九歳、ここに至って、義介の力量、才腕は、さらに道元禅師や懐奘をはじめ、門下の修行僧に認められていた。

永平寺に戻った道元禅師は、その後、一箇半箇《いっこはんこ》の接得《せっとく》につとめた。つまり、たとえ一人でもいいから、自分が中国から伝えた正しい教えを継承する真の弟子の養成を考え、力を尽くしたのである。

道元禅師の心中にはある思いがあった、いくら大勢の弟子がいようと、師を越えるような優れた後継者を育て上げることができなければ、道は次第にすたれてゆく。たった一人でも、自分のすべてを受け継ぐ者がいれば、道は確実に保たれてゆくはずだ。

弟子にとっても、正しい師匠を選ぶことが大切だが、それ以上に、師匠にとっては、ほんものの弟子を育て上げることが大切であった。ほんものの弟子を得たとき、師匠は「これでわしも死ねる」と言うのだ。

真剣に師を求める弟子と、ほんものの弟子を育てようとする師、その出会いによって仏法は代々伝わってきた。

道元禅師は鎌倉から帰った後、永平寺を離れることなく、弟子たちに教えを説き、ともに修行した。道元禅師にとって最も幸せな時期であった。

懐鑑、波著寺に没する

義介、日本達磨宗の嗣書を伝授する

ところで、義介の旧師、懐鑑《えかん》は、仁治《にんじ》二年（一二四一）、越前の波著寺《はじやくじ》を

あとにし、義介ら弟子たちとともに京都深草の興聖寺に道元禅師を尋ね、そろって弟子入りした後、ここで二年程過ごし、寛元《かんげん》元年（一二四三）七月には、道元禅師に随《したが》って再び越前の地にもどっていた。

越前の地にもどった懐鑑は、しばらくは永平寺に身を寄せ、首座《しゅそ》（修行僧のリーダー）なども務めたが、終始、道元禅師と行動をともにしたのではなく、かつて住していた波著寺を守りながら、道元禅師らの支援をしていた。

義介も、永平寺に修行しながらも、波著寺の懐鑑のもとをたびたび尋ねる日々を送っていた。

建長《けんちょう》三年（一二五一）、義介三十三歳の春、懐鑑はおのれの余命いくばくもないことをさとっていた。時に懐鑑は、大日房能忍《だいにちぼうのうにん》から覚晏《かくあん》へと伝わり、覚晏から自らに伝わった嗣書《ししょ》（法を承け嗣《つ》いだ証明書）を義介に与え、また波著寺の聖教《しょうぎょう》（経典や語録）等の管理も委嘱《いしょく》した。それほどに懐鑑は義介を信頼していたのである。懐鑑は、波著寺の将来と、自ら伝持していた嗣書等の保持を義介に託した。自ら、日本達磨宗《にほんだるましゅう》を離れ道元禅師の弟子となった懐鑑であったが、覚晏から受け継いだ嗣書や聖教を受け渡し、波著寺の管理を託せる者は、義介以外になかったのである。

義介はここに、自ら願っていた曹洞下《そうとうか》（曹洞宗の流れ）、道元禅師の嗣書を受け継ぐ前に、臨済下《りんざいか》（臨済宗の流れ）、日本達磨宗の嗣書を受け継ぐことになった。嗣書を伝受《でんじゅ》するということは、法を受け継ぎ、その人の法の系統に属することを意味するが、懐鑑から嗣書を伝受したことは、そのような正式なものではなかったにせよ、それらを保持することになったのは、やはり義介にとっては重大な出来事であった。

簡単には見ることができないもの

道元禅師は懐鑑が示寂《じじゃく》したことを知り、その臨終に義介が立ち会ったこと

正法眼蔵嗣書断簡（加賀屋旧蔵本）

を聞き、永平寺に戻った義介を部屋に呼んだ。

「亡き懐鑑師は、臨済下の仏照禅師《ぶつしょうぜんじ》（拙菴徳光《せつたんとっこう》）の嗣書を伝受されていたであろうか。また、おまえはこれを拝見したのか」

「はい、しかし懐鑑師が相伝《そうでん》したものは嗣書とは名付けておりません。祖師《そし》相伝《そうでん》の血脈《けちみゃく》（仏法の伝承を記した系図）です。私は、それを拝見いたしました」

「いや、それを嗣書と言うのである。簡単には見ることができないものである。しかし、おまえがこれを拝見していることは、いずれにしても好運である。末法《まっぽう》の世の中で、かろうじて仏法に遭うことができたとはいえ、これらを保持《ほじ》（所持）することはなかなかできることではないが、おまえがこれを保持できたことは器量《きりょう》（才能・力量）があるからこそであろう」

（『御遺言記録』）

ここに道元禅師は、義介が日本達磨宗の嗣書や聖教を保持することになったことを知り、そして義介は、懐鑑から相伝したものが血脈ではなく嗣書であることを知る。このことが、後に永平寺三代となる義介と永平寺の僧団に波瀾《はらん》を巻き起こすことになるのである。

後に義介はこの日本達磨宗の嗣書を瑩山禅師《けいざんぜんじ》に伝授するが、瑩山禅師はこれを弟子に譲り与えることをせず、これを永光寺《ようこうじ》の五老峰（如浄・道元・懐奘・義介・瑩山の五人の禅師の墳墓）に埋没《まいぼつ》して臨済下、日本達磨宗の嗣書の伝承を断絶し、後の曹洞宗の存続を確固たるものにしてゆくのである。

永平寺を懐奘に託す

病床の道元禅師

建長五年（一二五三）、道元禅師の身体は、弟子たちへの熱心な説法や、昼夜にわたる『正法眼蔵』等の撰述《せんじゅつ》、厳しい修行の中で、しだいに衰弱し、病気におかされていた。この年の夏、禅師の病気はさらに重くなり、弟子の懐奘は看病の日々をおくっていた。

病床にあって道元禅師は懐奘に様々なことを伝えた。

私は、日頃の説法において、仏法を説き明かすということにおいては、全く区別なく、すべての者に、ありのままの仏法を説いてきた。何か秘密にする教えとか、特定の者にしか教えないような特別な教えはない。それは日頃、皆に話しているとおりである。ただ、秘密のことや、特別に伝えることがあるとすれば、寺の住持（住職）としての心得であるとか、住持として行うべき行持《ぎょうじ》の作法であるとか、寺院の運営の仕方であるとか、あるいは、嗣法《しほう》し、法を伝えるときの式次第《しきしだい》・作法、菩薩戒《ぼさつかい》を授ける時の作法などのことである。そのようなことについて、語り、伝

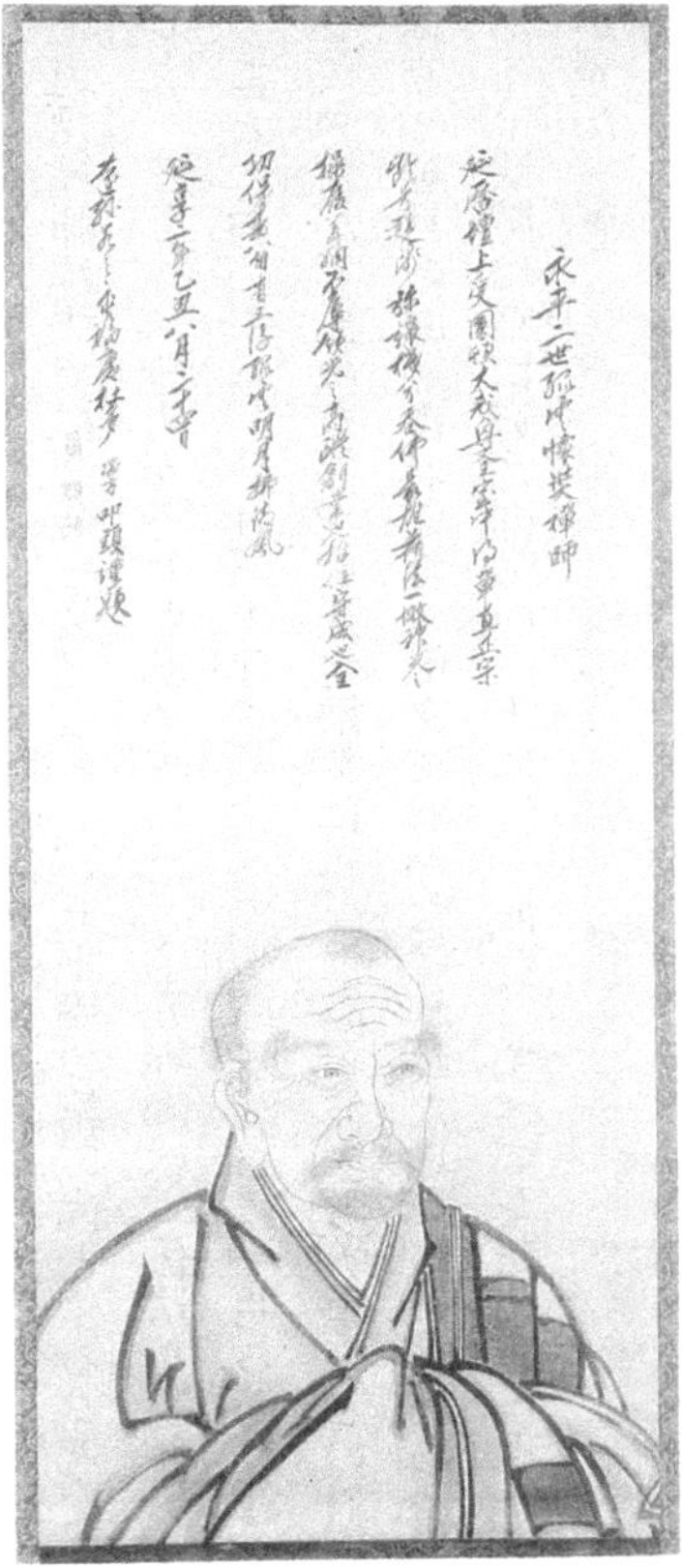

二祖　懐奘禅師頂相

えたのはおまえだけであり、未だ他の者には説いていない。これらは法を伝えた者でなければ、簡単には伝授しない。（『御遺言記録《ごゆいごんきろく》』）

道元禅師はすでに懐奘を後継者とし、永平寺の第二代とすることを決めていた。そして、誰もがそれを認めていた。道元禅師は、仏法を説き示すということにおいては、分け隔てなく、すべての弟子たちに、明らかに教えを説いてきたが、後の永平寺を託す懐奘には、檀越《だんのつ》、波多野義重らとの対応や、運営・経営の面等において、伝えておかなければならないことがあったのである。懐奘は常に道元禅師の病床に付き従い、すべてを聞き漏らすことがなかった。

懐奘は道元禅師より二歳年上であり、弟子たちの中でも最も古くより道元禅師に従って修行しており、後に入門した日本達磨宗の門弟たちの法の上での叔父にあたり、誰もが一目置いていた。道元禅師亡き後、永平寺を統理できるのは懐奘以外にいなかった。懐奘がいるから安心でもあった。七月十四日、道元禅師は懐奘に永平寺の住職を譲《ゆず》った。

しかし、道元禅師の心配は、もっと未来に向けられていた。

義介への遺誡

病床での義介への忠言

建長五年（一二五三）七月八日、病気にて療養中の道元禅師の様態が急に悪化し、義介は驚いて、お部屋を訪ねた。

道元禅師は義介を近くに呼び寄せた。

「今生《こんじょう》の寿命は、この病気できっと最期《さいご》だと思う。だいたい人の寿命には必ず限りがある。しかし、限りがあるといっても病気のままに、なにもせずに放っておくべきではない。だから、おまえも知っているように、私も随分《ずいぶん》、人に助けてもらい、あれこれ医療《いりょう》を加えてもらった。それにもかかわらず全く平癒《へいゆ》しない。これもまた寿命であるから驚いてはいけない」

「…………」

「おまえは永平寺にて修行すること多年に及んでいる。また永平門下のなかでは先輩である。たとえ私が死んだ後でも、寺院を保ち、出家(僧侶)・在家(信者)、力を合わせて私の仏法を守っていってほしい」

「寺のことについても、私のことについても、一切ご指示に背《そむ》きません」

「是非そのように願いたい。私は以前よりおまえを見ていて、世間のことにおいても道理をよくわきまえているし、また仏法においても甚だ求道心《ぐどうしん》があると思っていた。他の者も皆おまえの情熱を知っている。ただ、まだ老婆心《ろうばしん》がない。しかし、それも自然に年を取るに従って必ず身に付いてくるであろう」　（『御遺言記録』）

義介は、ただ涙を抑えて恐れ入るばかりであった。義介はこの後、この「まだ老婆心がない」という道元禅師の忠言《ちゅうげん》を心において忘れることがなかった。義介には、なぜ道元禅師がこのように言われたのか、「老婆心がない」とはどういうことなのか、なぜそのように戒められたのか、その理由がわからなかった。

道元禅師、上洛の決意

道元禅師の病は、その後、回復する兆しもなく、半月ほどが過ぎた。その間にも、京都の波多野義重より、

「病気療養のため、是非上洛していただきたい」

との再三の要請があった。とうとう、懐奘を連《つ》れ、病気療養のために上洛す

ることを決意した。その心境を次のように詠《うた》った。

十年《じゅうねん》　飯《はん》を喫《きっ》す永平寺《えいへいじ》
十箇月来《じっかげつらい》　病床《びょうしょう》に臥《ふ》す
薬《くすり》を人間《じんかん》にたずねて　暫《しばら》く嶠《やま》を出《い》ず
如来《にょらい》　手《て》を授《さず》けて医王《いおう》に見《まみ》えしむ

〈十年間、永平寺で修行してきたが
十ヶ月ほど病床に臥《ふ》すことになってしまった
薬を求めてしばらくの間、山を下りようと思う
如来が、手をとって優れた医師に合わせてくれるだろう〉

（『建撕記《けんぜいき》』）

老婆心がない

留守を任せられるのは義介だけ

七月二十三日、義介はまた永平寺を外出することになった。懐鑑から託された波著寺の管理も怠ることはできなかった。道元禅師のもとに外出の挨拶《あいさつ》に行くと、禅師はいつもと違い、厳しい口調で語った。

「今回は外出しても、急いで帰って来なさい。申し付けておきたいことがあれこれある」

「承知いたしました。用事が済み次第、帰山いたします」

そして、七月二十八日、義介は永平寺に戻った。直ちに道元禅師のお部屋をお伺《うかが》いして拝顔《はいがん》した。禅師は義介に静かに語った。

「あの時（七月八日、病いがさらに重くなったころ）きっと命が尽きると思うような状態であったが、今こうして命をながらえている。そして、六波羅「波多野義重の館」から何度も、上洛しなさいと言ってきている。これに従って、たとえ命が尽きるようなことになっても、波多野殿に申し上げておきたい事などいろいろとあり、また合わせて、医療を加えるため、来る八月五日に上洛したいと思う。道中、また京の都でもできればおまえに側にいてほしいと思うが、留守のあいだ寺院を任せるのにふさわしい者が全くいないので、この度の留守をしてほしい。寺院の事などは心を入れて運営しなさい。今度はどう見てもきっと命がないと思う。たとえ病がよい方向にむかっても、今年は京に滞在するかもしれない」

「是非お供いたしたいと思っておりましたが、仰《おお》せに従います。寺の事はお気になさらずに安心してご療養になってください」

「よろしく願いたい。永平寺の事については、けっして他人の寺と思うこと

義介禅師は何度か道元禅師に「老婆心が足りない」と戒められた。

はない。自分の寺と思うがよい。おまえは今、永平寺の監寺《かんす》等の役職に就いていないが、何度も役職を勤めた経験者である。万事、見当をつけて処置しなさい。今はあわただしいので細かいことは言わないが、追って京より重ねて申し付くべきことが多いと思う。もしまた今度、存命で永平寺に戻った時は、私の秘蔵の事などを必ずおまえに教えるつもりである。ただし、人が始めに事を執り行うときは、度量のない人間は、それを妬《ねた》むものである。だから、今私がこのように言ったことは他人に知らせてはいけない。おまえが世間のことにも出世間《しゅつせけん》（出家の世界）のことにも志があることは知っている。ただ、まだ老婆心がないだけである」（『御遺言記録』）

七月二十三日に永平寺から外出する時、道元禅師が「今回は外出しても、急いで帰って来なさい。申し付けておきたいことがあれこれある」と言われた、その「申し付けておきたいこと」というのは、これらのことであった。

そしてここで義介は再び「老婆心がない」という戒めを聞いた。義介の心にこの言葉が重く響いていた。

脇本の宿での別れ

最後のご命令

八月五日に永平寺を発《た》った一行は八月六日には脇本（福井県南条町）の旅宿に至った。懐奘も義介も随侍していた。義介はここでいよいよお別れである。道元禅師に最後の挨拶を申し上げた。

「今回、お供をいたしたいことは、心から願うところではありますが、仰せに従《したが》って寺に帰ります。もし御命のながらえることがあった時は、御尊顔を拝するために京都に参ろうと思いますが、お許しをいただけるでしょうか」

「よろしい。そのようにするがいい。とやかく言うにはおよばない。しかし、私は永平寺のことを思うので、おまえを寺に留《とど》めておくのだ。心して寺院のことをしっかりと運営してほしい。おまえはこの国（越前国）の人であるから、また、亡き懐鑑師の弟子であるから、国中多くの人がよく知っている。仏法のことや世間のことについても細かいことまでよく知っている。だから寺に留めておくのだ。……」

　義介は恐れ謹んでこの言葉をうけたまわった。これが、とりもなおさず最後の拝顔となり、最後のご命令となったのである。義介は常に肝《きも》に銘《めい》じてこのことを忘れることはなかった。

寺中の安穏のために

鎌倉から戻られて以降、永平寺を決して離れないと語った道元禅師が、病気の身体で京都へ旅立ったのは、病気療養のためでもあり、また永平寺を陰で支えてくれていた波多野義重に、わが亡き後も永平寺への援助を願うためでもあった。永平寺の礎を盤石《ばんじゃく》にしたいという強い願いがあった。

ところで道元禅師は、かつてこう語っていた。

「永平寺は勝地《しょうち》（すばらしい場所）にあるから、この寺を代々護《まも》っていってほしいと執著《しゅうじゃく》してしまう。しかし、それもまた世の中の情勢や時代に随《したが》ってゆくべきものであろう。とにかく、仏法においては、どのような場所であっても、仏法を行ずるところを勝地とするのである。ただ、国土が安穏《あんのん》であるときは、檀那（檀信徒）も必ず安穏であるはずであり、檀那が安穏であれば寺の中も必ず安穏であろう」
（『御遺言記録《ごゆいごんきろく》』）

けっして永平寺にさえも執著することのない道元禅師であったが、弟子たちを思い、正法が興隆することを願い、衆生済度を誓願《せいがん》するからこそ、永平寺という礎の固きを願ったのである。

道元禅師の示寂

死期を悟った釈尊のように

京都への旅は、辛《つら》い旅となった。あたかも、死期《しき》を悟られた釈尊が、弟子の阿難《あなん》にささえられて、生まれ故郷に向かって旅をされたようであった。釈尊は、ある時は足の痛みを訴え、ある時はのどの渇《かわ》きを訴えながら、故郷を目指した。そして、その途中、釈尊はクシナガラで入滅された。

道元禅師が病気の身体で、京都へ旅立ったのは、病気療養のためでもあり、波多野義重に今後の永平寺の支援を願うためでもあったが、また、死期を悟って生まれ故郷へ向かわれた釈尊を慕ってのことでもあった。

辞世の歌

病に耐えながら京都に入った道元禅師は、高辻西洞院《たかつじにしのとういん》の俗弟子の覚念《かくねん》の邸宅に滞在し、療養をすることになった。波多野義重も、道元禅師を見舞い、永平寺の外護を誓った。あとはすべてを懐奘に任せればよかった。

そして数日後の八月十五日、中秋の夜。

また見んと　おもいしときの　秋だにも

今宵《こよい》の月に　ねられやはする

〈ああ、また見たいものだと思っていたこの中秋の名月を、こうしてまた見ることができた。この美しい今宵の月を、いつまでも眺めていたくて今日は寝られそうもない〉

これが辞世の歌となった。もう見ることができないと思っていた中秋の名月を、幸いにまた見ることができた。すでに何も思い残すことがなかった。月はただ美しかった。

生死即涅槃《しょうじそくねはん》。人間の生死《しょうじ》（輪廻《りんね》）は、そのまま仏の御いのちであり、もし生死を嫌うならば仏のいのちを失うことになる。また生死に執著するならば、これもまた仏のいのちを失うことになる。生死を嫌わず、涅槃（生死輪廻から脱すること）を願わず。このときはじめて真に生死を離れることができるのだ。

我が身をうち捨てて、ただ仏の世界に投げ入れて、仏にすべてをまかせるのみ。もう道元禅師には、何も厭《いと》うものもなく、求めるものもなかったのである。

（『正法眼蔵』「生死」取意）

もう何も求めることはない

それから二週間後の、建長五年（一二五三）八月二十八日（陽暦《ようれき》九月二十九日）、ついに次の遺偈《ゆいげ》（自分の人生をふりかえり、最期の心境を語った漢文の詩）を遺《のこ》してこの世を去った。世寿《せじゅ》五十四歳。

遺偈

五十四年　照第一天　五十四年、第一天を照らし、

打箇踍跳　触破大千　この踍跳《ぼっちょう》を打して、大千《だいせん》を触破《そくは》す。

咦　　　　　　　　　　ああ

渾身無覓　活陥黄泉　渾身《こんしん》もとむることなく、活《い》きながら黄泉《こうせん》に陥《お》つ。

〈五十四年の間、ひたすら第一天を照らし（ひとすじに仏法を求め）、飛び跳ねて宇宙の果てまで駆けめぐった（正伝の仏法とめぐりあった）。ああ、

いきながら黄泉に陥ろうとも、もう何も求めることはない〉

道元禅師のあまりに早い示寂《じじゃく》に、義重は天を仰ぎ地に臥《ふ》して嘆き惜しみ、あまりの悲しみに懐奘はしばらく意識を失ってしまった。多くの僧俗が集まり、涙の別れを告げた。

ご遺体は天神の中の小路の草庵に移され、ここに留《とど》まること三日、多くの縁者が別れに訪れ、荼毘《だび》（火葬）の準備が整えられ、九月二日、お龕《かん》（棺）は東山の赤辻《あかつじ》の精舎《しょうじゃ》（寺）に移されて荼毘にふされた。

道元禅師頂相

義介の悲嘆

道元禅師の法を伝受できなかった無念

建長五年（一二五三）九月六日、道元禅師の舎利《しゃり》（遺骨）を抱いた懐奘禅師は京を発《た》ち、同十日、永平寺に到着した。既に道元禅師の示寂の知らせは義介のもとに届き、義介は準備を整えて迎えた。

義介の悲嘆は弟子の中でも殊に大きかった。道元禅師は、永平寺を発つとき義介に、

「もしまた今度、存命で永平寺に戻った時は、私の秘蔵の事などを必ずおまえに教えるつもりである。ただし、人が始めに事を執り行うときは、度量の

ない人間は、それを妬《ねた》むものである。だから、今私がこのように言ったことは他人に知らせてはいけない」

と密《ひそ》かに打ち明けていた。義介は、道元禅師の病気が平癒し永平寺に戻られた時には、嗣《し》法《ほう》を許され、道元禅師の法を直に受け継ぐことができるものと期待していた。しかし、このことは誰にも話してはいなかった。そして、もうそれは叶《かな》わない。

義介は悔やまれてならなかった。いや、それ以上に、どうしてもっと以前に道元禅師から法の伝授を許されなかったのかと、自らの未熟さを悔やんだ。

懐奘禅師のもとに永平寺をまとめる

しかし、そうではなかった。義介は未熟だったのではない。道元禅師は、義介の器量を認め、嗣法の弟子として許したかったのだ。すでに義介の悟りの機縁《きえん》（時機と条件）は熟していた。いつでも嗣法ができた。しかし敢《あ》えて嗣法しなかったのである。敢えて義介に法を嗣《つ》がせることをしなかったのには、理由があった。

道元禅師の示寂の後、義介は懐奘《えじょう》禅師について修行することになった。道元禅師在世中は、ともに弟子として道元禅師に参ずる兄弟のような関係であったが、ここに師と弟子との関係になった。それこそまさに道元禅師の望むところであったのである。

とはいえ、真に二人が師と弟子との関係になるには、少々時間が必要であった。

道元禅師が嗣法を許した弟子は懐奘禅師以外に二人いたが、僧海《そうかい》は興聖寺に滅《めっ》し、詮慧《せんね》はすでに永平寺を離れ京都永興寺《ようこうじ》に住して独自の道を歩んでいた。永平寺にのこる嗣法の弟子は懐奘禅師一人。道元禅師亡き後の永平寺が治まるためには、懐奘禅師一人を根幹《こんかん》として、皆が懐奘禅師を師として慕い、懐奘禅師のもとに永平寺の僧団がまとまる必要があったのである。

懐奘禅師の孝順

永平寺に戻った懐奘禅師は、九月十二日、自ら指揮して先師（道元）入涅《にゅうね》槃《はん》の儀式を厳粛に行い、永平寺の西の隅に塔を建ててご霊骨を奉安（埋葬）した。

その後、懐奘禅師は方丈《ほうじょう》（住職の居室）の側《かたわ》らに先師の遺影を安置し、朝には起床の挨拶《あいさつ》をし、夜には就寝の挨拶を忘れることなく、生前と同様にお仕えして一日も怠ることがなかった。また先師から譲られた先師自縫《じほう》の（自分で縫った）お袈裟《けさ》を常に着用し、生涯貴び大切にした。

永平寺の行持《ぎょうじ》も先師在世時と同様に続けられていた。しかし、懐奘禅師は先師の教えを自戒をこめて説法するのみで、自ら新たな説法をすることはしなかった。先師の教えに何も加えることなく、省くことなく、何もかも先師の教えに従って行じたのである。

永平寺の住持となり、かつて先師が居住していた方丈に入った懐奘禅師は、先師の多くの撰述《せんじゅつ》を目の当たりにした。和語（日本語）で示された『正法眼蔵』、漢文で示された説法、様々な法語や偈頌《げじゅ》、諸種の清規《しんぎ》（修行の規則）など、中には書き加え、書き消された草案、中書（未完成）の法語も発見された。これらを整理・編集して後世に残さなければならない、懐奘禅師には使命感にも似た誓願が発《おこ》った。懐奘禅師以外にできることではなかった。

懐奘禅師はその後、二十数年にわたり、この報恩行《ほうおんぎょう》（道元禅師の恩に報いる仕事）を続けるのである。

懐奘禅師は、道元禅師の教えを後世に残すことに尽くした。

第四章　継　承

懐奘禅師と義介、師弟の礼をとる

先師の言葉を思い起こす義介

先師を失った義介は、懐奘禅師が住持となった永平寺で、特に役職を与えられることもなく、しばらくは以前通りに修行し、その中で、時折これまでの修行を振り返り、ふと亡き先師との会話などを想い出す、しずかな修行の日々を過ごしていた。

中国から先師を慕ってやって来た寂円《じゃくえん》は、先師の示寂後、懐奘禅師に師事していた。他の旧参《きゅうさん》の弟子たちも同様であった。先師を慕い、先師の修行をそのままに行じる懐奘禅師を、門下の衆僧《しゅそう》は、先師の後継者として信頼し、

懐奘禅師を礼拝する義介禅師
道元禅師亡きあと、義介禅師は懐奘禅師を師と仰ぎ、教えを受けた。

まとまっていった。

先師に最も永く参じ、先師の教えをもっとも多く聞き、嗣法を許されていた懐奘禅師に、義介も参学する必要があった。先師の言葉を思い起こすうち、さまざまな疑問も生じていたのである。しかし義介は、にわかに懐奘禅師を師と仰ぐことはできないでいた。

嗣法の弟子

それから約一年が過ぎた。

建長七年（一二五五）一月二日、先師示寂の翌々年の正月、義介は方丈に参じていた。はじめて正式に師と弟子との挨拶を交わしたのである。既に懐奘禅師は義介を嗣法の弟子として認めていた。それは先師の遺志でもあったからである。

懐奘禅師は、先年、先師が亡くなる一ヶ月ほど前の七月二十八日、先師が義介を呼んで、「もしまた今度、存命で永平寺に戻った時は、私の秘蔵の事などを必ずおまえに教えるつもりである」と語っていたことを知っていた。その時の会話を、障子《しょうじ》を隔てて懐義《えぎ》（懐奘と兄弟弟子《きょうだいでし》の尼僧《にそう》）が聞いており、懐奘禅師はそのことを懐義から聞かされていたのである。

義介、嗣書を拝見する

翌日懐奘禅師は、嗣書と伝衣《でんえ》（法を継承する証《あかし》として伝えるお袈裟《けさ》）のことについて義介に語った。

「先師の内家《ないけ》（門下）で、この事に至るまでよく知っている者は、ただ私一人だけであり、ほかの者で総《すべ》てを知っている者は一人もいない。この事にいたるまで知ることができるのは、伝法すべき者であり、その人（伝法の者）はこれを知るのである。命は無常であっていつ何が起こるか分からないから、これをおまえに示しておく。私はこれを記録しない。おまえも記録してはいけない。ただ憶《おぼ》えておくだけだ」

義介が、最も望んでいた先師の嗣書を拝見し、先師の法を懐奘禅師より受け継ぐことができる日が漸《ようや》く到来したのである。

一月六日、義介は方丈を訪ねた。

「先日、煩《わずら》わしく参りましてお会いすることを願いました。たいへん恐縮しております」

「私もうれしく思いました」

「私は畏《おそ》れ多くも先師の末席《まっせき》に参じて十余年を送り、そして先年、重ねて発《ほっ》

如浄禅師から道元禅師に
与えられた嗣書（重文）

心《しん》（仏道を求める心を起こすこと）し、自ら時光《じこう》（時間）を惜しんで参学に励みましたが、顧みると、わが身のおろかさから、先師に問うべきを問わず、学ぶべきを学びませんでした。いずれ必ずや先師にお願いして嗣書を拝見したいと期待しておりましたが、はからずも先師は示寂してしまわれました。残念でなりません」

「まことに、おまえが先師の示寂に遇《あ》えなかったことは、先師のご命令とはいえ、さぞ残念なことであったろう」

「しかしながら私は、先師に同じく学んだ数ある兄弟弟子の中で、独り残って、長い間先師の説法を聞くことができました。まさに先師が人々のために仏法を説き、雲水のために語り尽くされたというのはこのことでしょう。先師の仏法を、私が会得できたかできないかはわかりませんが、聞くことはすべて聞きました」

「そうだ。私以外では、おまえが最も多く先師の教えを受けているはずだ」

「しかし、私が聞いた教えのほかに何か、特別な教えがあったのでしょうか。生死事大《しょうじじだい》、無常迅速《むじょうじんそく》です（生死の問題を明らかにすることは大切な事であり、それを明らかにしようと思っても、諸行は無常であって、日月は速やかに過ぎてしまいます）、伏してお願いいたします、和尚、慈悲をもってお教えください」

懐奘禅師はこの義介の言葉を聞き、喜びをかみしめるように語った。

先師の教えに表裏なし

「まことにおまえは法眷《はっけん》（同じ師匠の下で修行する弟子）である上に、懐鑑《えかん》師の嫡弟《ちゃくてい》（一番の弟子）だ。懐鑑師の遷化《せんげ》にあたっての遺言を聞いたことは、ひとかとおりの因縁ではない。ましていうまでもなく永平門下においては古くからの僧衆であり、参学の先達でもある。いままでもおまえと肩をひとしくするものはなく、これからも後輩の師となるであろう。だから、内心もっとも重くみていたのだ」

「もったいないお言葉でございます」

「だから、日ごろから互いに香を焚いて礼拝《らいはい》し、親密な関係を持とうと思っていたが、そのような便宜《べんぎ》が得られず、黙っているだけであった。しかし、このごろになってはじめて焼香礼拝することができた。たいへんうれしいことだ。こちらからも、おまえの部屋を訪ねて、挨拶にいかなければならなかったが、……」

「いえ、恐れ多いことです」

「いや、まことにそのように思っていたが、便宜がはかれず省略してしまった。……しかし、今日は格別、おまえが先師に参じたことの子細を聞き、心中のさまざまな思いをこのように質問されたことは、大きな喜びだ」

懐奘は、うれしかった。しばらく物思いにふけるように先師の頂相《ちんぞう》（道元禅師の姿を描いたお掛け軸）に目をやっていたが、ゆっくりと語り出した。

「私は、先師に参じて、永平門下に加えて頂いて、すでに二十余年が経つ。ある時、先師に、お部屋への自由な出入りを許されて、それから後、いつでも先師と親しく問答を交わせることができるようになり、他の誰よりも親密に先師の教えを受けることができたことは皆の知っているとおりだ。しかしながら、私は生まれつき愚鈍《ぐどん》でな、抜け落ちているところがいかにも多いのだが、先師の教えにおいては、他の者が聞いていないところを聞いているとはあっても、他の者が聞いているところを聞いていないということはないと思う。そうであるが、仏法のことについては、先師はけっして内外なく、皆に分け隔てなく、すべてを説いておられた。それは先師がおっしゃったとおりだ」

「まことにそうであったのですね」

「先師は常に示しておっしゃっていた、『もし、仏法において内外があれば、神々や天人たちが必ずそのことをお知りになるし、また必ず虚妄《きよもう》の罪（誤った行いをした罪）に堕《お》ちるにちがいない。ただ、秘事《ひじ》（秘密の事）・口訣《こうけつ》（書きとどめずに口頭で伝えること）があって、未《いま》だ他の者に説いていないことは、いわゆる住持の心得、寺院の作法、あるいは嗣書相伝の次第、授菩薩戒作法《じゆぼさつかいさほう》（大乗仏教の僧侶であるための戒《いまし》めを授けるときの作法）、このような事だけである。これらは伝法の人でなければたやすくは伝えない、……』と。そして、そのような事を私ひとりに伝えたのだ。仏法においては一切、私事はなかったのだ」

「先師が示しておっしゃった事の外に、特別な教えがあったのではないことは、まさにその通りだと、納得できました」

（『御遺言記録』）

義介は、先師に親しく参じ、その教えに永年接しながらも嗣法が許されなかったことから、先師示寂後師事することになった懐奘禅師に、自分が未《いま》だ聞くことを得なかった先師の室中における特別な教えがあるかどうか尋ねたのである。そしてここにおいて、先師の仏法には表裏なく、仏法の開示においてはすべて隠すところがなかったことを知ったのである。

老婆心とは

自分自身に厳しいがゆえに

さて、義介にとって常に脳裏から離れることがなかったのが、先師から二度にわたってたしなめられた「おまえには老婆心《ろうばしん》がない」という言葉であった。老婆心とは、老婆が世話をやくような親切心である。なぜ二度もそのような戒めがあったのか義介には、その理由がわからなかった。

義介は、若い頃より優れた才能を示し、理解力、実践力、責任感等、万事に秀でており、何を任せても全力を尽くしてきちんとやり遂げる実に有能な弟子であり、道心堅固にして修行熱心な義介は、衆中において群を抜く存在であった。それ故に道元禅師は義介に、若くして典座《てんぞ》を任せ、鎌倉行化《かまくらぎょうけ》（鎌倉への布教の旅）にあたっては、監寺《かんす》に任命して寺院の経営を任せたのである。

だが、一方で、道心堅固で能力もあり熱意もあったからこそ、他の修行僧の怠惰や欠点、修行の生活規則を乱す者たちを見て、寛容ではいられなかった。自らに厳しいからこそ、他にも厳しく接してしまう義介であった。

しかし道元禅師は、弟子や後輩の指導において寛大な慈悲心を教えていた。

人の誤りを見て、これではいけないと思って、慈悲の心で教えようと思うなら、相手が腹を立てることのないように考えて、別のことでも言うようにして教えてあげなさい。

（『正法眼蔵随聞記《しょうぼうげんぞうずいもんき》』巻二）

しかし、まだそれが身にそなわっていなかったことは、若い義介にはやむを得ないことでもあった。

だから道元禅師は「自然に歳を重ねるのほど必ずこれ（老婆心）あるべし」（『御遺言記録《ごゆいごんきろく》』）と、それを承知し、しばらく見守ろうとはしていたが、余命いくばくもないことを悟ってからは、まさに老婆心から義介を戒めたのである。

〝何をやっても仏法だ〟ではない

ところで、日本達磨宗から転向した弟子たちの中には、かつて教えられていた「修行など必要ない、もともと煩悩《ぼんのう》などはなく、もともと悟っている。

戒律《かいりつ》をまもるということなどは無用、寝転《ねころ》がっていても仏にかわりない」というような教義から、完全に抜け出せない者たちもいた。かつて道元禅師も、そのような邪《よこしま》な考えが一部の弟子たちの中でくすぶっていることをうすうすは知っていたが、表面化することはなかったので、ことさら戒めることはしなかったのである。

しかし義介は、ともに彼らと同座し、談義する中で、一部の者たちが、そのように語り、〝何をやっても仏法だ〟と言って、勝手気ままにしているのを見て、疑問に思い、あるいは心中憤《いきどお》りをおぼえ、時に感情を顕《あら》わにすることもあった。彼らに対しては老婆心など示すべくもなかったのである。

義介の迷い

叢林の作法・進退がまさに仏法

義介にはひとつの疑問があった。そしてその疑問は先師滅後一年余においてはじめて氷解するのである。

建長七年（一二五五）二月二日、義介は方丈を訪ね、懐奘禅師に申し上げた。

「先師の法会において聞いたところの教えを、この一、二年振り返って考えてみますと、当初（在世中に直接聞いていた当時）と今とでは、（私の理解に）違いがあります。その違いというのはどういうことかといいますと、先師が弘通された仏法は、今の叢林《そうりん》（修行道場）の作法・進退でありました。（当時の私は）内心ひそかに、この外にほんとうの仏法がかならずあるはずだと思っておりました。しかし、近ごろ、この見方を改めました。今の叢林の作法・威儀等がそのままほんとうの仏法であると解《わか》りました。たとえこの外に、仏祖の仏法が無量であるといっても　これらは皆、同じ一つの仏法です。今日（私たちが如法に行っているところ）の仏の振る舞いとしての挙手動足《きょしゅどうそく》（手足を動かす様々な動作）の外に、別に法性甚深《ほっしょうじんじん》の理《り》（仏法の奥深い真理）があるのではありません。このことをほんとうに信じることができました」

懐奘禅師はうれしそうに力を込めて言った。

「先師の仏法はほんとうにそのとおりである。おまえがすでにそのように確信したのであるならば、先師の仏法を疑うことはないであろう」

（『御遺言記録《ごゆいごんきろく》』）

この義介の気づきは非常に重要であった。まさにこの気づきが義介の「悟り」であり、そしてその内容は道元禅師の仏法の核心《かくしん》でもあったのである。

この時、道元禅師の仏法は確かに義介に正しく伝えられ、この後、懐奘禅師より嗣法（法を嗣ぐこと、またその儀式）が行われたのである。

仏としての振る舞いが悟り

道元禅師は、叢林での作法・進退、そのいちいちがまさに仏法であると説いていた。しかし義介は、内心ひそかに、この外にほんとうの仏法がかならずあるはずだと思っていたのである。ゆえに、一挙手一投足に親切《しんせつ》（真剣）なあり方や、一つひとつの行いを大切にすることにおいて、道元禅師からは何か欠けているところが見受けられたのであろうか。それを見抜いていた道元禅師が「老婆心なし」という言葉でたしなめられたともいえるかもしれない。

そして今、義介は気づいたのである、「今の叢林の作法・威儀《いいぎ》等がそのままほんとうの仏法である」と。そして、「いま自分自身が叢林で如法《にょほう》（道場での決まりの通り）に行っている振る舞いが、仏としての振る舞いであり、この挙手動足の外に別に、深い仏法の悟りがあるのではない」ということを、ほんとうに信じることができたのである。

さとりの風光

仏法は特別な教えではない

義介は感慨無量《かんがいむりょう》の思いの中で、道元禅師の仏法を確認していた。修行者は、何か特別なものを求めて、修行している。いずれすばらしい悟りが開けるのではないかと。何か特別な教えがあり、特別な者だけにそれが授けられるのではないかと。あるいは、何か特別な修行があり、その修行の結果、それによって「悟り」という特別なすばらしい心境をうることができるのではないかと。

しかし、そうではなかった。仏法は特別なものではなかった。特別な教えも、特別な修行も、特別な境涯もない。実は、日常のあたりまえのあり方の中に仏法があるのである。かつて道元禅師が、

古人云《こじんいわく》、是法《このほうは》、住法位《ほういにじゅうして》、世間相常住《せけんのそうはじょうじゅうなり》、春色百花紅《しゅんしょくひゃっかくれないに》、鷓鴣《しゃこは》柳上鳴《やなぎのうえになく》。

〈古人が言っているが、あらゆるものは皆あるべき相（すがた）におさまっており、この相をはなれて別に不変の真理があるのではない。春にはあらゆる花が美しく咲き乱れるし、鷓鴣《しゃこ》は柳の木の上で鳴く。（これらの現実の相をはなれて仏法があるのではない）〉

（『三大尊行状記《さんだいそんぎょうじょうき》』）

と義介に語ったのは、そのことであり、また、『普勧坐禅儀《ふかんざぜんぎ》』で、

原《たず》ぬるに夫《そ》れ道本円通《どうもとえんずう》、争《いかで》か修証《しゅしょう》を仮《か》らん。宗乗自在《しゅうじょうじざい》、何《なん》ぞ功夫《くふう》を費《ついや》さん。況《いわ》んや全体遥《ぜんたいはる》かに塵埃《じんない》を出《い》づ、孰《たれ》か払拭《ほっしき》の手段《しゅだん》を信《しん》ぜん。大都当処《おおよそとうじょ》を離《はな》れず、豈《あ》に修行《しゅぎょう》の脚頭《きゃくとう》を用《もち》ふるものならんや。

〈そもそも仏の道は悟りの世界へと円満に通じているのであるから、何も敢《あ》えて修行して悟りを開くなどという努力をする必要はない。悟りの世界へと連れていってくれる乗り物は、まさに自動操縦《じどうそうじゅう》であるから、自ら操縦して運転を労《ろう》することもない。身体も心もその全体がもともとチリもアカもついていない清らかなものであるから、それらを払い拭《ふ》く方法を信じて行うこともないし、仏の道は今ここで完結しているので、あちこちと修行に出歩く必要はないのであろう。〉

と示されたのも、そのことであった。いま、ここに仏道は完成されているのである。

仏の教えに従い、仏の戒めを守って生きる

しかし、それでは、ありのままでいいのか。あたりまえの思うがままの自由な生活でいいのか。日常生活のすべてがそのまま仏法で、何を行っても仏道であるのか。欲望のままに生きてもいいのか、善も悪もないのか。……もちろん、そうではない。だから道元禅師は、

然《しか》れども毫釐《ごうり》も差《さ》あれば天地《てんち》懸《はるか》に隔《へだた》り、違順《いじゅん》纔《わず》かに起《お》これば紛然《ふんねん》として心《しん》を失《しっ》す。

〈しかしながら、ほんの少しでもこのことを心得違《こころえちが》いをすると、天地ほどに遠ざかってしまい、このことを頭だけで受け取って是非《ぜひ》を考えれば、混乱して本来の心を失ってしまう〉

と戒められたのである。

いくら、仏道が「特別なものではない」「あるがままのあり方でいい」と分かったとしても、煩悩・妄想《もうぞう》の欲望のままに生きたならば、それは迷いの道であって、仏の道ではない。

仏の教えに従って、仏の戒めを守って、正しく生きることにおいて、「特別ではなく」「そのまま」で、仏となり、悟りを得ているのである。

だから道元禅師は、仏の好まれた行である坐禅の行を第一の行として勧められ、洗面・洗浄・食事の作法など、日常生活の行為の事細かな作法を示されて、一つひとつの行為を大切に、真剣に行ったのである。

懐奘禅師の法を嗣ぐ

向かわずして愛語を聞く

建長七年（一二五五）二月十三日、いよいよ伝法《でんぽう》（嗣法）の儀式が行われ、修了後、懐奘禅師は義介に言った。

「こうして伝法の儀式が行えたことは、仏祖の目にみえないご加護のお陰だ。また偏《ひと》えに先師の目にみえない助けであろうか」

「はい、そのとおりでございます」

「先師は、おまえのことをこんなふうにおっしゃっておられた」

懐奘禅師は、尋常、道元禅師が義介について語っていた言葉を思い出しながら、道元禅師の口調《くちよう》をまねて語った。

『懐鑑《えかん》師は人を見る眼がある。だからこそ義介を許して嫡子《ちやくし》（後継者）としたのだ』

『私の門下に参じて直裰《じきとつ》（一般でいう衣《ころも》のこと）を着て以来、義介には今まで放逸《ほういつ》の風聞はない』

『多くの兄弟があるが、義介は実《まこと》の仏法者である。その志は抜群の志気があって玄明《げんみよう》（寺のきまりを破って破門された僧）等《ら》とは違う』

『義介が若かりし時には、例《れい》（きまり）に依《よ》ることとなくして、処置を受けたこともあったが、それは若い時よくありがちのことである。仏法において発《ほっ》心《しん》以後は、まったく修行を怠ることとなく、わずかも非はない』

（『御遺言記録』）

義介は、道元禅師より直に言われているような気がしていた。〝向かわずして愛語《あいご》を聞く〟（間接的に慈しみの言葉を聞き、直接聞くよりも心にしみる）

思いであった。

「常に先師はこのように示されていた。誠に先師が多年おまえを見てこのようにおっしゃったのは、真実に仏法において見込みがあるからにちがいない。今日も仏祖の作法に相違することなく、伝法が成し遂げられた。たいへん随喜している」

懐奘禅師は、義介への伝法の儀式が無事行われ、安堵《あんど》していた。義介は、自分に対する道元禅師からの評価を聞き、嬉《うれ》しさに加えて、道元禅師の姿が思い出され涙ぐんだ。

仏種の断絶を免れる

翌十四日の粥罷《しゅくは》（朝食後）、懐奘禅師は、義介に語った。

「私の寿命も、どれくらいかわからない。しかしながら、今日より後は、たとえどのようなことがあっても恨みに思うことはない。私はおまえに嗣法することができて仏種《ぶっしゅ》（仏陀《ブッダ》より代々受け継がれてきた肝心要《かんじんかなめ》の教え）を断絶してしまう罪を免れた。たとえ私が先師より法を受け嗣《つ》いだといっても、その人（法を伝えるべき人物）を得なかったならば、断絶するのと同じであり、それでは未来永劫《みらいえいごう》の恨みとなってしまう。しかし、おまえを嗣法の弟子として得て、仏種の断絶を免れることができた。私の願いは既に成就した」

（『御遺言記録』）

懐奘禅師は慶《よろこ》びに満ちていた。まことに、弟子が正しい師匠に出会い修行し法を嗣ぐことは一大事ではあるが、それ以上に、師にとってみれば、すぐれた弟子を得て法を伝え、仏種の断絶を免れること、それがまた一大事である。

ここに義介を最初の嗣法の弟子として、道元禅師の法が義介に伝わったのである。その後、懐奘禅師は、道元禅師を慕って中国からやってきた寂円や、後に永平寺第四世となる義演《ぎえん》にも嗣法することになる。

坐断乾坤金身欄
露喚作本師和
尚當思父爪茄
又好笑金剛倒上
梅花樹徒草知璨
毛語太白之

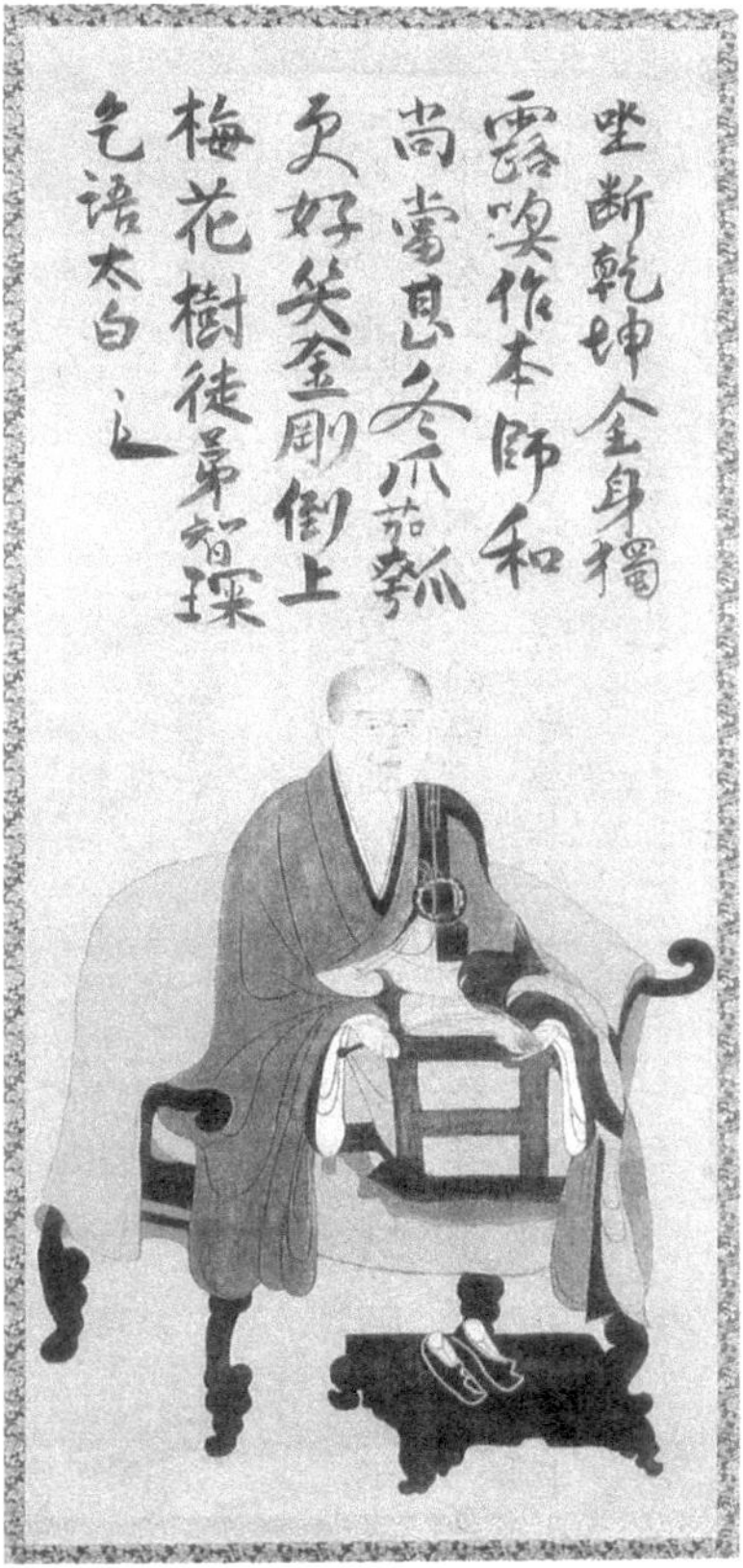

天童如浄和尚頂相

寂円、山に籠もる

寂円禅師の本懐

ところで、懐奘禅師より道元禅師の法を嗣いだ寂円は、弘長《こうちょう》元年（一二六一）永平寺を去った。木ノ本《このもと》の奥、銀椀峰《ぎんなんぽう》の麓《ふもと》（福井県大野市）に分け入った寂円は、大きな岩を見つけ、その上に坐禅して、余生《よせい》を只管打坐《しかんたざ》（ただ坐るのみ）で過ごそうと決意していた。

寂円は、中国での修行時代、如浄禅師が道元禅師に、

「深山幽谷《しんざんゆうこく》に居《きょ》して、仏祖《ぶっそ》の聖胎《しょうたい》を長養《ちょうよう》しなさい」（『宝慶記《ほうきょうき》』）

〈山深い場所に暮らして、仏祖のすばらしいあり方を現し続けなさい〉

と語っていたのを知っていた。道元禅師亡き今、その法を懐奘禅師から受け継いで、まさにその時が到来したのである。それがまた、道元禅師の本懐《ほんかい》（本当の思い・望み）であったと寂円は確信し、それは寂円の本懐でもあった。

永平寺の僧（寂円）が山里で一人坐禅を行っているということを誰から聞いたのか、二人、三人と、どこからともなく修行者が到り、木の実を食し、時には托鉢《たくはつ》するという生活が続いていた。坐禅は安楽であったが、生活は厳しく苦難の連続であった。

かつて道元禅師は語っていた。

「修行道場というものは、大勢の修行僧がいれば盛んであり優れているというわけではない。わずかな人数でも、真剣に仏道を修行している者がいれば、それを大いなる修行道場と言うのだ」

まさに、この大野の岩の上が、大いなる修行道場であった。

永平寺に匹敵する宝慶寺の建立

ある日、下野《しもつけ》（栃木県）の大守《たいしゆ》藤原《ふじわら》氏伊自良《いじら》知俊《ともとし》が山狩りの折に銀椀峰《ぎんなんぽう》に分け入り、たまたま寂円らに出会った。知俊は、黙々と岩の上で坐禅をする修行僧に魅《み》せられる。一目見て寂円が高僧であることを知った知俊は、直ちに帰依《きえ》の（信仰する）檀越《だんのつ》（支援者）となり、寂円のために、この地に一つの堂宇《どうう》（建物）を建立するのである。

しだいに寂円を慕う修行僧があつまり、建治《けんじ》二年（一二七六）には、後に永平寺の五世となる義雲《ぎうん》（一二五三〜一三三三）が弟子入りした。弘安《こうあん》元年（一二七八）には知俊の二男知成《ともなり》が寂円の弟子となって菩薩戒《ぼさつかい》を受け、かつて寂円が修行した中国の天童山にならって七堂伽藍《しちどうがらん》（修行道場として大切な七つの建物）を建立し、宝慶寺《ほうきょうじ》は名実ともに大叢林《だいそうりん》（大修行道場）となった。

寂円が永平寺を去って十七年、ここに、永平寺に匹敵《ひってき》する大伽藍が大野（福井県大野市）の山里に誕生したのである。

中国の禅林視察

永平寺の道場を一新してほしい

時は遡《さかのぼ》って正元《しょうげん》元年（一二五九）、道元禅師七回忌の年、懐奘禅師は先師への報恩のためと永平寺の伽藍整備を志していた。

ある時、懐奘禅師は義介に依頼して言った。

「諸方《しょほう》の叢林《そうりん》（修行道場）や宋朝《そうちょう》の生活のしきたり、特に先師が伝えられた天童山の規矩《きく》（行事や生活の規則）、及び大刹《だいせつ》（大きな寺）叢林の現在の規矩を記録してきて、永平寺の道場を一新してほしい。これは先師の報恩となることである」

「はい、先師がかつて永平寺を建立されたとき、細部についてはよく分からないご様子でした」

「そうであったな。……先師の師、如浄禅師は先師に、日本に帰ったら、修行道場を建立してほしいと命じられており、またそれが祖翁栄西僧正《そおうえいさいそうじょう》の素意《そい》（かねてからの思い）でもあった。しかし、叢林の微細な清規や禅家諸師の語録などの一切の聖教《しょうぎょう》（尊い教え）が、皆、先年興聖寺が焼失したときに、紛失《ふんしつ》したり、焼失してしまった。そこで、おまえに、この日本国の諸方を巡《めぐ》り歩き、また大国（中国）を歴遊して、調査して持ち帰り、永平寺の確かな礎《いしずえ》を建立してほしいのだ」（「永平寺三祖行業記《えいへいじさんそぎょうごうき》」）

これもまた、確かに道元禅師の本懐であり、懐奘禅師や義介にとっても先師に対する報恩の行であった。

中国各地の禅院を調査

義介は、この懐奘禅師の命を受けて、まず京都の建仁寺《けんにんじ》、東福寺《とうふくじ》、鎌倉の寿福寺《じゅふくじ》、建長寺《けんちょうじ》を視察して、その模様を探った。そしてこの年、四十一歳の義介は、宋の国に渡ったのである。

入宋《にゅっそう》に先立って義介は、如意輪《にょいりん》、虚空蔵《こくうぞう》の二菩薩像を彫刻して、誓願文《せいがんもん》を記した。

私は、先師道元禅師の念願を果たすため道元禅師の教えを日本国に興そうと念願いたします。また、懐奘禅師の命によって、この身を波濤《はとう》に任せ、命を師の願いになげうつ覚悟です。菩薩よ、力を合わせて叢席《そうせき》（修

中国でお寺の視察をする義介禅師

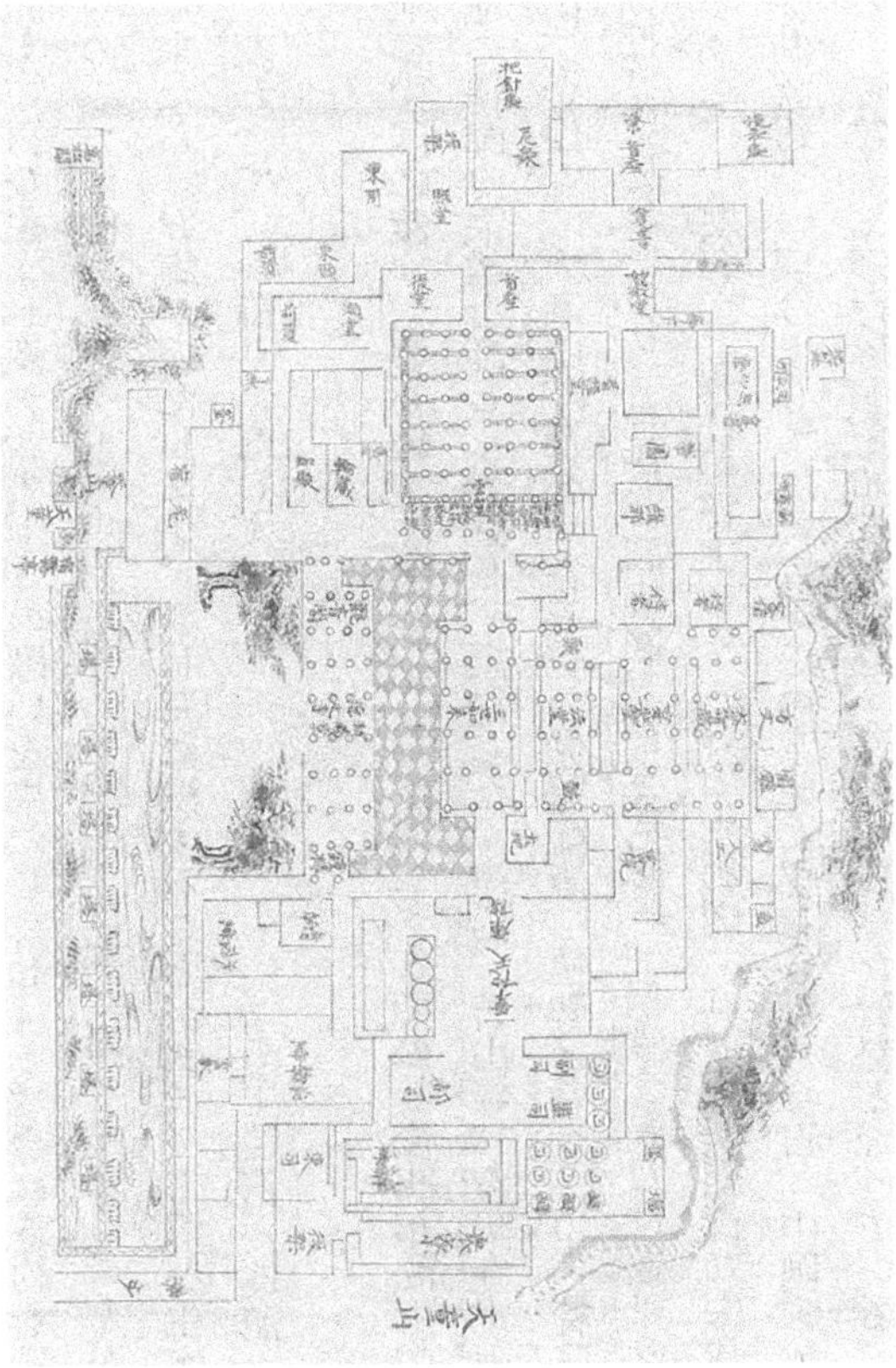

五山十刹図のうちの部分

行道場）を興行したまえ。若《も》し、海中に命を没するようなことがあっても、再び生まれ変わって、この願いを果たしましょう。今は誓約を記すのみで白檀《びゃくだん》（香りのよい花）を飾《かざ》りません。日本に帰って来ることが出来たら、お飾りいたします。若し海に没することがあっても再び生まれ変わって、お飾りいたします。

（「永平寺三祖行業記」）

無事中国に渡った義介は、弘長二年（一二六二）までの前後四年間、中国各地の禅院の実状を詳しく調査し、記録した。径山《きんざん》、碧山寺《へきさんじ》、霊隠寺《れいいんじ》、阿育《あいく》王山《おうざん》、金山寺《きんざんじ》、天童山《てんどうざん》、など、各寺院の伽藍配置、位牌《いはい》・香炉《こうろ》・卓《たく》・椅子《いす》・梵鐘《ぼんしょう》等の仏具の形状、扁額《へんがく》、諷経図《ふぎんず》、僧堂戒臘牌《そうどうかいろうはい》、僧堂念誦《そうどうねんじゅ》及び巡堂図《じゅんどうず》などである。（この時、義介が将来した「五山十刹図《ごさんじっせつず》」は、綿密細微な宋代の禅院伽藍建築の模写として加賀大乗寺《かがだいじょうじ》の宝庫に秘蔵され、今日、中国宋代禅院の寺院建築や修行形態を知る上でもきわめて貴重な資料となっている。）

弘長二年（一二六二）、四十四歳の時、無事帰朝した義介は、道元禅師に対する報恩のため、また懐奘禅師の命を果たすため、永平寺の興隆に尽くした。自ら記録し、伝来した諸資料に基づいて、永平寺に山門を建て、両廊《りょうろう》（東西の廊下）を設け、三尊《さんぞん》（釈尊の過去・現在・未来の三像）を安置して、堂塔伽藍の面目を一新させたのである。また、四節《しせつ》（僧堂における結夏《けつげ》・解夏《かいげ》・冬至《とうじ》・年朝《ねんちょう》の日）の礼儀をはじめ多くの礼法を調えた。

義介、永平寺の第三世となる

永平寺中興

文永《ぶんえい》四年（一二六七）、懐奘禅師は病を理由に、永平寺の住持を退き、その命によって義介禅師が第三代の永平寺の住持に就いた。四月八日には、晋山の式が行われた。義介禅師、四十九歳のときである。

義介禅師は、足羽郷《あすわ》稲津庄《いなづ》（福井県福井市）を根拠地とする豪族稲津氏の出身であったから、永平寺の地元とは深い関わりを持っており、義介禅師を慕って経済的な援助をしてくれる外護者も大勢いた。道元禅師が永平寺を開創したときにも、そのことが大きな力となった。そして義介禅師が住持となった永平寺も、これらの檀越《だんのつ》に経済的に支えられ、また多くの信者が帰依したのである。

住持（住職）となった義介禅師は、師の懐奘禅師の代に一新した永平寺を、さらに整備し、中国五山十刹の修行道場において見聞してきた様々な清規《しんぎ》（生活法）も永平寺の行持に取り入れようとしていた。義介禅師はそれが道元禅師の誓願であったと確信していた。また、その遺志をそのまま受け継いだ第二世の懐奘禅師の命令でもあり、義介禅師の本懐でもあった。

義介禅師は大いに法を説き、法要を行って、叢林の興隆のため、懸命に力を尽くした。そして、あらゆる物事が整うほどになった。僧俗ともに口々に、まさに永平寺の中興《ちゅうこう》であると讃えるほどであった。

義介禅師、五年で住持を退く

道元禅師を慕いながら対立する世代

しかし、道元禅師在世の頃のあり方をあくまでも守ろうとする者たちの存在もあった。義介禅師とは法の上での兄弟にあたる義演《ぎえん》である。義演は、義介禅師より年長であり、かつて共に日本達磨宗より道元禅師門下に弟子入りした懐鑑の門弟であり、兄弟のような関係であった。義尹《ぎいん》、義準《ぎじゅん》、義荐《ぎせん》、義《ぎ》運《うん》らも同輩であり、第三世の住持となった義介禅師に対し、立場としてはこれを立てながらも、永平寺の運営や行持に対して意見できる関係にあった。

義演らには、道元禅師在世の時のあり方を必ずしも継承しようとしない義介禅師に対する不満が、しだいにつのっていた。さらには、同じく日本達磨宗から転向した義介禅師が、日本達磨宗との関係を断ち切れず、波著寺の懐鑑から日本達磨宗の嗣書や聖教を伝授されて保持し、永平寺の住持に就いて後も、たびたび波著寺を訪れていることに批判的であった。

道元禅師は、永平寺の門下においては第二世懐奘禅師以外に法を嗣《つ》がず、示寂後は、義介禅師をはじめすべての門弟は第二世の弟子となり、師弟の関係となって、第二世のもとにまとまったが、第三世義介禅師の代は、共に懐奘禅師を師とし、亡き道元禅師を同じく慕う同輩が相互いに台頭する世代となっていた。

もちろん第三世義介禅師は、亡き御《ご》開山《かいさん》（第一世）道元禅師の信頼厚く、第二世懐奘禅師の嗣法一番の弟子であることは、皆が認めるところであったが、それ以上に、それぞれみな御開山を慕い、御開山の仏法を慕う者たちであったのである。

道元禅師が願い求めていたことを報恩行として実現しようとする義介禅師、

いっぽう道元禅師が実際に永平寺で行い教えていたことを守り通そうとする義演の仲間たち……。どちらも道元禅師を慕うことに変わりなかった。

義介禅師が第二世懐奘禅師の命により、京都の建仁寺、東福寺、鎌倉の寿福寺、建長寺を視察してその模様を探ったり、宋を訪ねて四年間にもわたり、中国各地の禅院の実状を詳しく調査して記録して帰り、檀越からの財的支援により永平寺の一新を図ったことは、まさに御開山道元禅師の誓願でもあったと、義介禅師は確信していた。

道元禅師は、

もし道場《どうじょう》を建立《こんりゅう》し、寺院《じいん》を草創《そうそう》せんには、仏祖正伝《ぶっそしょうでん》の法儀《ほうぎ》によるべし。

〈もし修行道場を建立し、寺院を開創しようとするなら、仏祖が正しく伝えてきたきまりによって行いなさい〉（『正法眼蔵』「洗浄」）

神丹《しんたん》の仏寺《ぶつじ》は天竺《てんじく》の僧院《そういん》をうつせり、日本《にほん》の精舎《しょうじゃ》も又《また》かれを学《まな》ぶべし。

〈中国の仏教寺院はインドの僧院をまねている、日本の修行道場もまた、その中国を学ぶべきである〉（「宇治《うじ》観音導利院僧堂勧進疏《かんのんどうりいんそうどうかんじんしょ》」）

と語っていたからである。

義演、道元禅師の禅風を守る

しかし、義演からは、義介禅師の行為は、外見的・形式的なものに映っていた。またそれは、檀越や世俗への迎合《げいごう》と見え、四節の礼儀や諸種の礼法を調え、儀礼・法要を行うことは、只管打坐《しかんたざ》を第一とする御開山の仏法の衰退と感じられたのである。義演には、伽藍《がらん》の充実は必ずしも仏法の興隆ではなく、清規の確立は只管打坐の仏法には必要ではなかった。

永平寺に修行する義演には、道元禅師示寂後、弘長《こうちょう》元年（一二六一）に永平寺を去った寂円禅師の徳風《とくふう》（勝れた人物であるという評判）が聞こえていた。寂円禅師は、木《こ》ノ本《もと》の奥、銀椀峰の麓に分け入り、ただひたすら只管打坐の仏法を行じ、道元禅師の禅風を頑《かたく》なに純粋に継承していたのである。

義演には、寂円禅師の選んだ道を慕う思いが、日ごとに増長していた。

義演の心中を察した義介禅師は、文永九年（一二七二）二月、自らが永平寺を退くことを決意した。義介禅師にとって住持であることが本懐ではなく、道元禅師が愛された永平寺の僧衆が和合し安寧であることこそ本懐であった。そのために住持を退くことは寧《むし》ろ本望であった。そして、義介禅師にはもう一つ果たさなければならない本懐があったのである。

老母への孝養

義介ひそかに母を訪ねる

義介禅師の突然の住持辞意の表明は、隠居していた懐奘禅師を戸惑《とまど》わせた。懐奘禅師も檀越《だんのつ》波多野氏も慰留《いりゅう》を求めたが、義介禅師の決意は固かった。ついに懐奘禅師はその深意に感じ、永平寺を混乱させるわけにはゆかないとして、再び老軀《ろうく》に鞭打《むちう》って住持をあずかることになったのである。

時に五十四歳の義介禅師には、老母がいた。実は、年老いた母は、波著寺の近くに一人暮らしていた。義介禅師は永平寺と波著寺を往来しながら、時おり母を訪ねていたが、母もしだいに年老い、養護が必要になっていたのである。

この、母への孝養《こうよう》を尽くすということが、慰留を願う波多野氏に対し、永平寺を退く名目となった。かつて懐奘禅師も、母親への孝行が思うようにできないことに苦悩した時期があった。懐奘禅師も義介禅師の心中を理解した。そして、永平寺にとっても波風が立たず、義介禅師の早すぎる隠居を引き留めようとした波多野氏も納得せざるを得なかった。そして何よりも、義介禅師は心底、母の老後を養いたかったのである。波多野氏も、一転して義介禅師の隠居に理解を示し、ご母堂《ぼどう》のために永平寺の山下に庵《いおり》を建てたいと申し出た。人はこの庵を養母堂《ようぼどう》と呼んだ。

ところで、かつて義介はたびたび永平寺を他出して波著寺を訪ねていた。永平寺の衆僧は、義介が、依然として日本達磨宗と密接な関わりを持っていることをこころよく思っておらず、なぜ道元禅師が義介に寛大であるのか疑念を抱いていた。

しかし、実は、道元禅師が義介を寛大に許していたのは、義介が波著寺の管理をすることに寛大であったのではなかった。むしろ義介はひそかに母親を訪ねていたのであり、そのことをうすうす知っていたからにほかならなかった。幼くして母を失った道元禅師は、義介の母を我が母のように感じ、義介の心中をおもんぱかって、あえてとがめ立てはしなかったのである。

かつて明全和尚は、仏の道を中国に求める強い心から、育ての親である明融阿闍梨《あじゃり》を捨てて、修行に旅立った。仏の道は世情より重かった。

そして道元禅師も、如浄禅師の看病を寂円らに任せて、日本へ帰った。それが師の命であったとはいえ、道元禅師も仏道を第一としたのである。

しかし、義介禅師が永平寺を去って、母を養ったことは、仏道を捨て世情を重んじたようにも受け取られたが、ここに実は後の教化集団としての曹洞《そうとう》宗《しゅう》の萌芽《ほうが》があったのであり、その思いが瑩山禅師《けいざんぜんじ》へと受け継がれ（後述）、その門風は、上求（自己の向上）と下化《げけ》（他の救済）の両立を目指すことになるのである。

老婆心で結ばれた、母と義介禅師と道元禅師

義介禅師は、母の介護に専念する日々を送っていた。母は涙を流し手を合わせて看病してくれる我が子を拝み、義介禅師も母を介護できる喜びをかみしめていた。そして、義介禅師もこれまでの修行と同様、永平寺での毎日の行持《ぎょうじ》に準じて、寸暇《すんか》を惜しんで、ひとり側《かたわ》らで只管打坐《しかんたざ》を行じながらの看護であった。

かつて「老婆心がない」と道元禅師に戒められたことを振り返っていた。母を看病しながら、食事の世話、洗濯、掃除、布団《ふとん》の上げ下ろし等、日常生活の一切を行う我が子に、母は感謝の念を持ちながらも、いちいち事細かに世話をやいた。いちいち世話をやくことが文字通り母の老婆心であったが、義介禅師は、その一々をおろそかにせず、真剣に、大切に、一所懸命に行う

お堂（養母堂）にて母上に孝養（介護）をしている義介禅師

こと、それがまさしく「老婆心」であることを、すでに悟っていた。母の老婆心はまさに道元禅師の老婆心であり、その一々を心切《しんせつ》（親密に適切に）に行うことが義介禅師の老婆心であった。

母への看病は、まさにその実践であり、仏の行そのものであったのである。修行を離れ、肉親の面倒を見る義介禅師を、永平寺の衆僧の中には、堕落と考える者もいた。しかし、義介禅師は何を思われようと一向に構わなかった。永平寺で修行する衆僧と何変わらぬ真実の仏法を生きていたからである。

第五章　躍進

八歳の少年、永平寺に入門する

少年僧のころの瑩山禅師

時は遡《さかのぼ》るが、文永《ぶんえい》八年（一二七一）、八歳の少年が永平寺に入門し、髪を剃り、童行《ずんなん》（正式に僧侶となる前の、寺で修行する童子）となった。時の住持は義介禅師。永平寺を引退する前年である。この少年こそ、後に、道元禅師と共に両祖と並び称せられる祖師となった瑩山禅師《けいざんぜんじ》その人であった。

まだ少年であった瑩山禅師は、御開山の道元禅師というとてつもなく偉大な禅師のさまざまな話を耳にした。そして、その道元禅師をこころより慕う長老たちに接し、道元禅師の仏法を継承することに真剣であるからこそ、それぞれの思いから、意見を対立させてゆく現実を、目の当たりにすることになった。

瑩山禅師はその後十三歳にして、七十九歳の懐奘禅師について得度《とくど》（出家）し、正式に僧となり、懐奘禅師の遷化に遭う十七歳まで、まるで孫のように慈しみ育てられるのである。

瑩山禅師の出生の仏縁

ところで瑩山禅師の母は、懐観《えかん》と言った。三十七歳にして懐妊し、瑩山禅師を産んだのである。懐観が京都にいた十八歳のとき、母親が行方《ゆくえ》知れずになってしまった。熱心な観音信者であった懐観は、清水寺に七日間日参の祈願をする。その六日目に道ばたで十一面観音像の頭部を拾い、大切に持ち帰って供養した。そしてその後まもなく、母にめぐりあうことができたのである。この因縁を重んじた懐観は、この観音像の頭部に尊体をつぎたし一生この観音像を念持仏（日常こころに念《おも》い礼拝《らいはい》する仏像）として礼拝し供養した。

この観音像の威神力《いじんりき》（偉大な働きかけ）によってか、懐観はその後、身ごもった。永年念願して授かった胎児《たいじ》である。なんとしても無事出産したかった。

しかし懐観は、観音さまに、誓願した。

「われ懐妊の子、聖人となり、善知識《ぜんちしき》（立派な指導者）となり、人々のために益する人になるならば産生平安ならしめたまえ、然《しか》らざれば、観音、威神力をもって胎内に朽失《くしつ》せしめたまえ」

念願して授かったお胎《なか》の子であるが、もし、世のためにならない子であるなら、私と共に殺して下さいと願ったのである。なんという誓願か。

そして無事、母は出産した。この母が、この子をどのように育てたかは、推して知るべしである。

義介禅師の夢

養母堂にて母を介護しながら隠遁《いんとん》生活をしていた義介禅師のもとに、ある日、美濃《みの》の国（岐阜県）のある人から、義介禅師のために寺を建て寄進《きしん》したいので、ぜひ御開山としておいでいただきたい、という懇請《こんしょう》があった。

永平寺の伽藍《がらん》を立派に整え、檀信徒からの帰依の厚い高徳の禅師が、住持を退いて隠居されたといううわさが遥《はる》か美濃の国まで伝わっていた。新たに寺を建立するので、是非その初代の住持、御開山としてお招きしたいというのである。

熱心な請いに意を決し、いよいよ母と共に明日の朝、旅立とうとしたその夜、義介禅師は不思議な夢を見たのである。

旅立とうとして山門より出て、石段のところにくると、葛《くず》や藤《ふじ》が両足にまつわりついて引きちぎろうと思っても断ち切れない。見ると、この藤《ふじ》蔓《づる》は西北の道元禅師の墓塔のあたりからのびてきている。

（「永平寺三祖行業記」）

そんな夢であった。夢から目覚めた義介禅師は、自分が永平寺から離れることを、道元禅師がお許しにならず引き留められているのだと感じた。そして、美濃の国へ旅立つのをやめたのである。

懐奘禅師の示寂

懐奘禅師は、建長《けんちょう》五年（一二五三）七月に永平寺の住持となってより、文永四年（一二六七）にいたる十五年間、道元禅師亡き後の永平寺を担《にな》った。

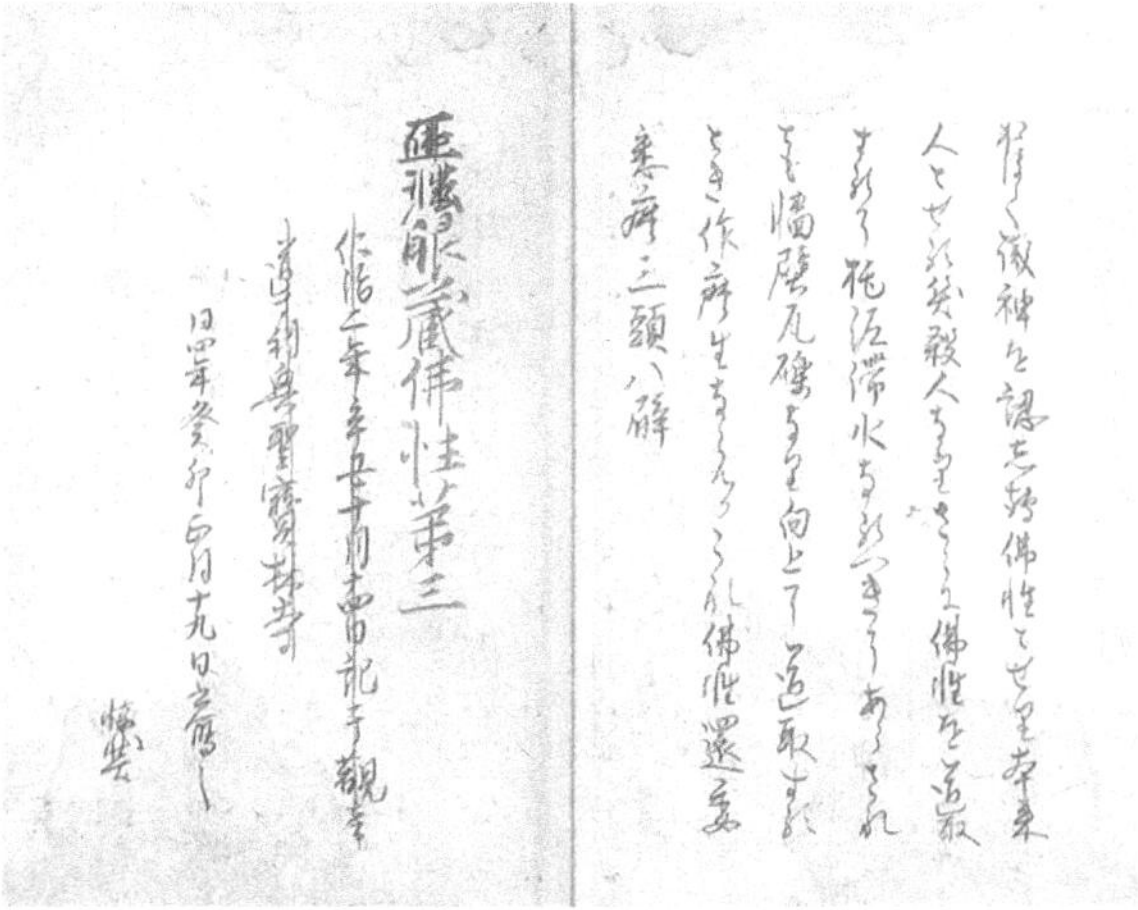

正法眼藏佛性第三

仁治二年辛丑十月十四日記于観音

導利興聖寶林寺

同四年癸卯正月十九日書寫之

懐弉

懐奘禅師筆　正法眼蔵仏性（重文）

病のため義介禅師に住持位《じゆうじい》を譲り、退院《たいいん》した（寺院を退いた）後は東堂《とうどう》（前住持）として事務を営んだ。その間、自らの教えは説かず、『正法眼蔵』や『永平広録』をはじめとする道元禅師の教えの整理・書写・編集に身を尽くし、道元禅師の教えを後世に残すことに余命を献《ささ》げたのである。

義介禅師が突然、永平寺を退くことになるに及び、再び七十五歳の年に住持となって永平寺を治めたが、弘安《こうあん》三年（一二八〇）八月二十四日、ついに示寂した。

遡《さかのぼ》ること、この年の四月ごろ、懐奘禅師はにわかに体調を乱し病床に臥していた。すでに八十三歳の高齢である。医師等から五月頃までしか持たないだろうと宣告された。しかし、懐奘禅師は何としても先師の亡くなられた八月二十八日の命日に死にたいと念願していた。その念願力によってか、五月も疾《と》うに過ぎ去り、中秋の名月も既に見ることができた八月二十四日、道元禅師の命日に先立つこと四日ではあったものの、まさに道元禅師が示寂した同じ子《ね》の刻《こく》（午前零《れい》時）に示寂したのである。

懐奘禅師が道元禅師と同じ八月二十八日に死にたいと願ったのは、もちろん道元禅師をこころより慕っていたからであるが、と同時に、自分一人のための法要は無用であり、もしするならば先師に付随する形で行ってもらえばいいという願いによるのであった。そして、弟子たちに遺言して、自分のために墓を建てることを禁じ、先師の墓塔の傍《かたわ》らに遺骨を埋めるように言い遺《のこ》した。はたして弟子たちは遺命に従って懐奘禅師の塔は建てず、また懐奘禅師だけのための法要は行わなかったのである。

義介禅師、永平寺に再住する

懐奘禅師の葬儀は、その遺命により義介禅師が喪《も》主《しゆ》となり、その一切を統括した。その十日ほど前の八月十五日、懐奘禅師は義介禅師を病床に呼んでいた。かなり衰弱していたが、力を尽くして語った。

「あなたは私の第一の弟子だ。これを授けておきたい」

枕元に置いてあった大衣《だいえ》（お袈裟《けさ》）を手に取って義介禅師に渡した。

「先師道元禅師が私に授けてくださったものだ。先師が自らお縫《ぬ》いになったお袈裟だ。先師がお亡くなりになってから二十八年間、一日たりとも身から離すことなく頂戴《ちょうだい》し、すでに一生護持してきたものだ。今あなたにこれを授ける。どうか、このお袈裟を伝えるとともに正伝の仏法を将来に断絶することがないようにしてほしい。あとのことをよろしくたのむ」

それは、永平寺の後を、再び守っていってほしいという遺命でもあった。そしてこのことは、檀那《だんな》の波多野氏にも、義演ら僧衆にもすでに遺命として告げられていた。母への孝養も充分に尽くし、すでに母は身罷《みまか》っていた。道元禅師が自分を永平寺に引き留める霊夢も見ていた。

義介禅師は、報恩のため再び、懐奘禅師亡き後の永平寺を護《まも》ることになった。但し、正式な住持として再住するということではなく、師の命により、また永平寺の安穏のため、しばらくの間は、そうせざるを得なかった。しかし、永平寺で修行する衆僧の指導は義演に任せたのであり、いずれ波多野氏を説得し、義演に永平寺の後事を託すことを期していた。

義演禅師の本懐

義介禅師の徳風《とくふう》を遠く聞き及んでいた加賀の大乗寺の本願澄海阿闍梨《ほんがんちょうかいあじゃり》は、かねてより義介禅師を大乗寺に迎えようと心をめぐらしていた。自ら開創した真言宗の寺を禅寺に改め、自らは開基《かいき》（寺院を開創する者）となって、義介禅師を禅院大乗寺の開山（第一世）として迎えようと考えていたのである。

この澄海阿闍梨は、波著寺《はじやくじ》においてすでに義介禅師に参じており、大檀越《だいだんのつ》藤原氏とともに義介禅師の晋住《しんじゆう》（住持となること）を念願し、再三にわたって懇請《こんしよう》していた。

ついに義介禅師は、波多野氏を説得する。ただひたすら只管打坐《しかんたざ》の仏法を行じ、道元禅師の禅風を頑《かたく》なに純粋に継承していこうとする義演を永平寺の第四世の住持として推したのである。波多野氏は、

「義介さまが永平寺から去ってしまったら、山門は衰微《すいび》し、門徒にとって不幸なことになるでしょう」

と言ってにわかには納得しなかったが、義介は〝道元禅師が故波多野義重公の帰依《きえ》をうけて開山となった永平寺は、道元禅師の只管打坐を実践する道場としてあるべきだ〟と説得し、ついに義介禅師は、義演に永平寺を託して大乗寺へ移るのである。

その後、永平寺の住持となった義演禅師は、はたして伽藍《がらん》の充実・興隆に

四世義演禅師頂相

は意を用いることはなかった。もっぱら道元禅師がおられた当時の永平寺の行持《ぎょうじ》を保ち、僧衆とともに只管打坐を行じ、檀那と積極的に関わることを必ずしも好まず、正伝の仏法の純粋性を保った。義演禅師が住持となった後、永平寺は傍目《はため》には衰退の一途をたどり、再び修行僧も貧窮《ひんきゅう》を余儀なくされたが、本来の仏法から言えば、それは決して衰退ではなく、真の仏法の興隆であったのである。

義演禅師は、淡々と只管打坐を実践するばかりで、嗣法の弟子をつくることもしなかった。ただ、衆僧とともに坐禅を行じた。檀那の厚い帰依《きえ》を受けることもなく、何も残すこともなく、世に出ることもなかった。しかし、これがまさに第四世義演禅師の本懐であったのである。

瑩山禅師、寂円禅師に参ずる

瑩山禅師《けいざん》（一二六四〜一三二五）は、懐奘《えじょう》禅師が示寂した翌年、十八歳の時、菩提心《ぼだいしん》（仏道を求める大いなる志）をおこした。永平寺の義演禅師のもとで、約一年の修行後、十九歳の時（弘安五年、一二八三）、宝慶寺（福井県大野市）の寂円《じゃくえん》禅師を尋ねた。これはほかならぬ義介禅師の勧めでもあった。

道元禅師の師、如浄《にょじょう》禅師の教えを受け、そして道元禅師と共に中国で修行し、道元禅師を慕って日本に渡来し、道元禅師亡き後、ひとり大野の地にやってきて岩の上で坐禅し、人びとから心からの帰依をうけて宝慶寺を築き上げた寂円禅師は、まさに生き仏のような存在であった。

瑩山禅師は、寂円禅師から如浄禅師や道元禅師の在りし日のことなどを聞くことが、何よりの楽しみであった。

「如浄禅師の説法はな、ほかの禅師たちとはずいぶん違っていた。あちこちの大寺院の指導者をはばかりなく批判しておられたよ。

最近の長老たちは、やたらにまだらな衣や袈裟をかけ、また長髪を好み、国師号や禅師号などをもらうことを出世だと思っている。全く救いようがない。あわれなことに、仏道をほんとうに求める心がなく、ろくな修行もしていない。

（『正法眼蔵』「嗣書《ししょ》」）

自ら厳しい修行をされ、名誉や利益を何も求めることがなかった。そして、とても豪快なお方でな、涅槃会《ねはんえ》には、こんなことを言われた。

今日は涅槃会。釈尊のなくなられた日だ。釈尊がなくなられた時、森羅《しんら》万象《ばんしょう》、大地全体が沈みかえった。これを見て悪魔は手を打って喜び笑い、

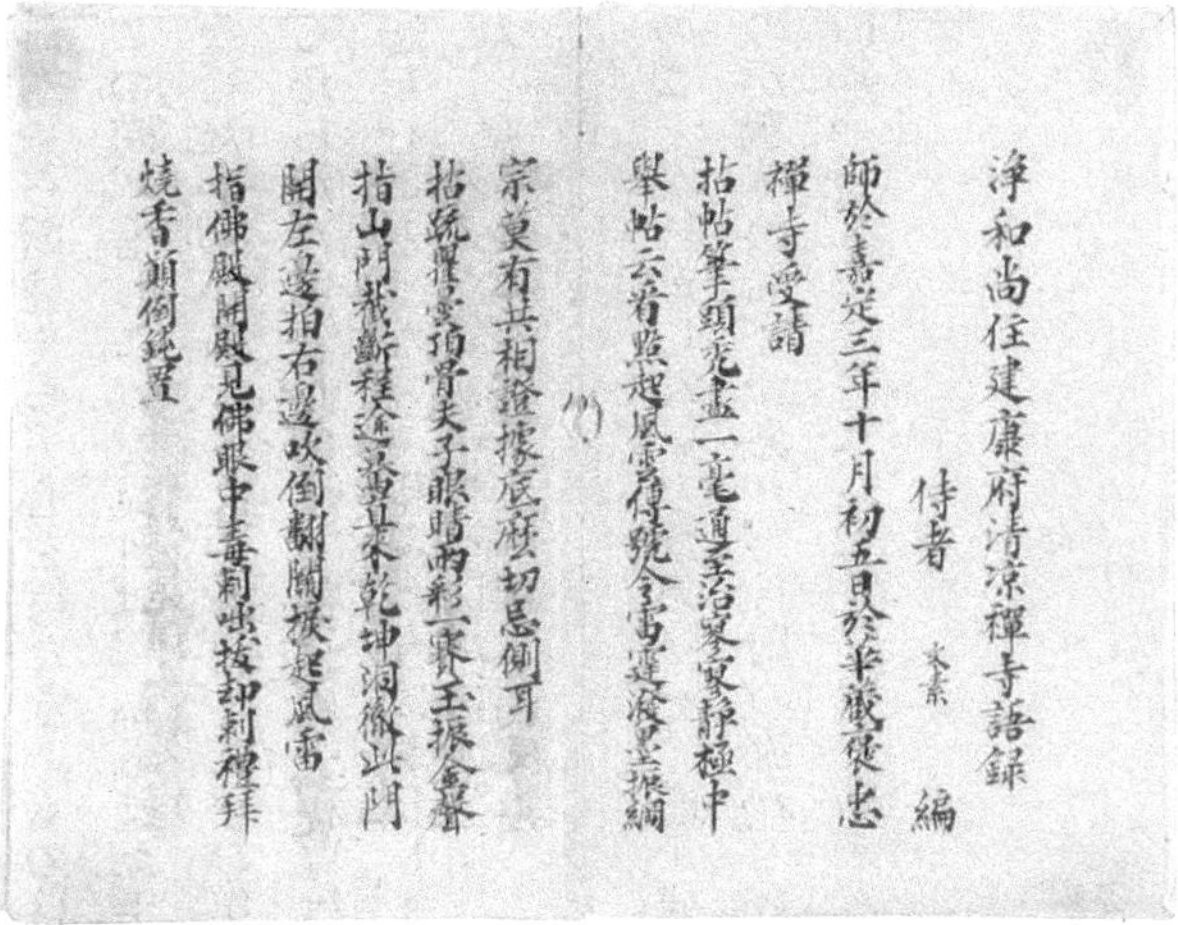

淨和尚住建康府清涼禪寺語録
侍者 文素 編
師於嘉定三年十月初五日於華藏褒忠
禪寺受請
拈帖筆頭究盡一毫遁至治寥寥靜極中
擧帖云看點起風雲傳號令雷霆激星振綱
宗莫有共相證據底麼切忌側耳
拈疏撥雲指骨夫子眼睛兩彩一賽玉振金聲
指山門截斷程途頓見本乾坤洞徹此門
開左邊拍右邊吹倒翻關捩起風雷
指佛殿開殿見佛眼中毒刺哄拔却刺禮拜
燒香顛倒錯置

如浄和尚語録断簡

灯籠《とうろう》やら露柱《ろちゅう》やら、心を持たないものは胸を打って悲しみ嘆いたという。この時、もしこれを見れば、私もまた手を打って大笑いしたであろう。なぜだかわかるか？　手を打って喜び笑うという方が、道理が通っているからだ。どうしてかと言えば、釈尊は姿を隠されただけだ。何も嘆き悲しむことはない、釈尊は今におわしますぞ。ほら、あの山々や水の流れ、鳥たちの鳴き声、春風の中に。（『如浄禅師語録《にょじょうぜんじごろく》』）

このことがわからないとだめだぞ。道元禅師も、山々の木々が色を変えていくのが釈尊のお姿であり、谷川の流れの音が釈尊の説法であるとおっしゃっていた。おまえにも、釈尊の姿が見えるかな。釈尊の説法が聞こえるか？」

瑩山禅師、維那となる

ある日、寂円禅師は瑩山禅師に語った。

「お釈迦様はな、摩訶《まか》迦葉尊者《かしようそんじや》（釈尊の後継者）と初めて会った時、すぐにお弟子にして、仏法とお袈裟《けさ》を授けてしまったのだ」

「はじめて会って、仏の教えを何も知らず、修行もしていないのに、悟りの証明を授けられたのですか？」

「そうだ、嗣法されて、第一祖としたのだ」

「初めて会ったときに、悟りを得たということですか？」

「そうだ」

「…………」

「これは、如浄禅師から教えて頂いた話だ。最初は、私もその意味が分からなかったが……、いずれおまえにも分かるときがくるであろう」

そして、瑩山禅師が宝慶寺で修行を始めて間もなく、寂円禅師は、衆僧の直接的指導にあたる維那《いの》という役に瑩山禅師を任じたのである。これは破格の待遇であった。

寂円禅師は、一目見た時から瑩山禅師が大器であることを感じていた。また、懐奘《えじよう》禅師がその力量を認めて大いに期待し「瑩山の行く末を見届けたいものだ」と言い残して示寂されたことも聞き及んでいたのである。

寂円禅師のもとで、重ねて大いなる菩提心をおこした瑩山禅師は、さらに修行に励んだ。そして、この宝慶寺には、後に永平寺の第五世となることになる義雲《ぎうん》が共に修行していたのである。

義雲は、十七歳のとき波著寺に入門して義介禅師について出家し、二十四歳にて宝慶寺の寂円禅師に参じており、この時すでに宝慶寺で七年間、修行していた。十二歳年上の義雲は、真面目で聡明《そうめい》で道心堅固であり、瑩山禅師のよき先輩となっていた。

後に、義雲は寂円より法を嗣ぎ、正安《しょうあん》元年（一二九九）に寂円が示寂するや、宝慶寺の第二世となって寺を護《まも》り、さらに正和《しょうわ》三年（一三一四）には義演禅師が示寂するや永平寺の第五世となって、第四世義演禅師の代に伽藍《がらん》が衰退した永平寺を復興するのである。そしてこの後、寂円禅師の法系が永平寺の住持を継承してゆくことになる。

一方、瑩山禅師は、しばらく宝慶寺で修行した後、諸国行脚《あんぎゃ》に旅立った。京都の万寿寺《まんじゅじ》や東福寺《とうふくじ》などで臨済宗の教義を学び、比叡山で天台教学も学び、紀州（和歌山県）の興国寺《こうこくじ》の覚心《かくしん》にも参じた。そして、正応《しょうおう》四年（一二九一）、二十八歳の時、阿波国《あわのくに》（徳島）の郡司《ぐんじ》に請われて城満寺《じょうまんじ》の住職になるのである。

義介禅師、加賀の大乗寺へ

さて永平寺を退き、しばらく隠栖《いんせい》生活を送っていた義介禅師であるが、次第に準備を整え、ついに永仁《えいにん》元年（一二九三）、大乗寺に移り、第一世の住持となった。時に七十五歳、義介禅師にとって、新天地に教化を開くことは、老軀《ろうく》を鞭打《むちう》つものであった。

しかし、義介禅師は多くの檀越《だんのつ》の帰依を受け、法堂《はっとう》（説法の道場）の建立もなり、伽藍を次第に充実させるとともに、修行道場としての生活軌範《きはん》も整えていった。かつて、京都の寺院や中国の禅道場を視察し、建物や修行の軌範を調査した記録が、ここにおいて再び大いに役立つことになったのである。

瑩山禅師は義介禅師が大乗寺に入ったのを知り、翌永仁二年、城満寺を退き、義介禅師の住持する大乗寺に参じた。諸国行脚においてさらに力量を増し、城満寺の住持も立派に勤め、住職としての才覚も備わった瑩山禅師が参じ随《したが》ってくれたことは、義介禅師にとっても大乗寺にとっても、大きな力となったのである。

瑩山禅師、お悟りをひらく

永仁二年（一二九四）十月二十日のこと、義介禅師は大乗寺において法堂《はっとう》に上り、弟子たちを集め説法した。中国の趙州和尚《じょうしゅうおしょう》という、六十一歳にして仏の道を求める心をおこし、百二十歳まで生きた大禅師の話をした。

趙州和尚が南泉和尚《なんせんおしょう》のところで修行している時のことだ。趙州が南泉に質問した、

「仏の道とはどういうものですか？」

南泉は答えて言った。

「平常の心で生きる、それこそが仏の道だ」

「でしたら、あえてそのような道を求める必要があるのですか？」

「そうだ、求める必要はない。求めようとすると、道を誤ることになる」

「でも求めようとしなければ、それが仏の道だということが分かるのですか？」

「仏の道というのは、分かるとか分からないとかいうようなものではない。分かったら妄想《もうぞう》だ。でも、分からなかったら何もならない。しかし、もし本当に〝もう何も疑いがない〟という心境になったら、どうってことはない、あたりまえのことを、あたりまえに行うだけだ。分かるとか分からないとかではない」

義介禅師と問答している瑩山禅師
瑩山禅師のお悟りが、義介禅師によって証明された瞬間であった。

趙州はこの言葉を聞いてハッと悟った。

この、いわゆる「平常心是道《へいじょうしんぜどう》」の話をして、義介禅師は言った。

「こんな話だ、諸君、分かるか?」

その時、瑩山禅師は、やはりハッと悟って、喜びのあまり「分かった」と絶叫してしまった。

「何が分かったのか?」(「儞《なんじ》、作麼生《そもさん》か会《え》す」)

「ほんらい仏であった私が、仏の世界を生きていたのです」(「黒漆《こくしつ》の崑崙《こんろん》、夜裏《やり》に奔《はし》る」……黒い玉が暗闇を飛んでいく)

それを聴いて義介禅師は、「うーん」と唸《うな》って言った、

「もう一言、言ってみよ」

瑩山禅師は、その言葉を待っていたように頷《うなず》いて、

「お茶を飲むときはお茶を飲み、ご飯を食べるときはご飯を食べるのです」

（「茶《さ》に逢《お》うては茶を喫《きっ》し、飯《はん》に逢《お》うては飯を喫す」）

と答えた。

瑩山《けいざん》禅師のお悟りが、義介禅師によって証明された瞬間であった。

あたりまえのことをあたりまえに行う道

義介禅師は、瑩山禅師が正伝の仏法を会得したことを証明し、翌永仁三年（一二九五）、道元禅師、懐奘《えじょう》禅師、義介禅師と伝えられたお袈裟《けさ》を瑩山禅師に伝授した。自分を超えるような、瑩山禅師という力量ある嗣法の弟子を得て、義介禅師の喜びと安堵は、計《はか》り知れない。

「平常心是道」とは、〝お悟りの心というのは、特別なものではない〟ということである。とかく、「悟り」などというと、何か特別な心境、特別な世界のことと考え、そしてまじめな修行僧は、この特別な心境を得ようと追い求める。しかし、〝あたりまえ〟ということのほかに、何かすばらしい、光り輝くものがあると思い、追い求めること、それこそが迷いであるのだ。「悟り」とは、あえて言えば、〝あたりまえ〟ということの、ほんとうのすばらしさに気付くこと、あたりまえの自分でいい、〝あたりまえ〟ということが、実は光り輝く貴いことであることを心の底から「わかる」ことなのである。「ほんらい仏である私が、仏の世界を生きている」のである。

瑩山禅師が「わかった」と絶叫されたのは、そのことであった。

しかし、〝あたりまえ〟でいいとはいっても、欲望のままということではなく、いいかげんに生きるのではない。仏が定めた決まりに従って生活する。一つひとつのことを真剣に、大切に行う。

ご飯を食べるときは、ご飯を食べる作法がある。むさぼり食べるのではない。

みな平等であるけれども、個々の独自性がある

悟りということは、平等相《びょうどうそう》と差別相《しゃべつそう》という相反する二つの相の問題を、自分自身の問題として解決することでもある。

人間は、いやあらゆるものは平等である。同じ価値を持った存在である。そのことをしっかりと認識していなければいけない。

瑩山禅師が最初に答えた「黒漆《こくしつ》の崑崙《こんろん》、夜裏《やり》に奔《はし》る」（黒い玉が暗闇を飛んでいく）は、そのことを示したものでもある。

そして、みな平等であるのだが、それぞれが独自性を持っている。性別の違いもあり、年齢の違いもあり、能力の違いもある。それぞれに個性があり、適性《てきせい》も持っており、種々の仕事をしている。

瑩山禅師が次に答えた「茶に逢うては茶を喫し、飯に逢うては飯を喫す」は、そのことを示したものである。

瑩山禅師は、この両者を、しっかりと自分自身の問題として解決していたのである。

義介禅師の示寂

瑩山禅師に法を嗣《つ》がれた義介禅師は、大乗寺の住持を瑩山禅師に譲って隠《いん》居《きょ》された。すでにお身体も老い衰えていた。

延慶二年（一三〇九）八月、発病した義介禅師は、もう余命のいくばくもないことを自覚していた。

九月二日には、未《いま》だ髪を剃《そ》っていなかった沙弥《しゃみ》や童行《ずんなん》を集めて、皆の髪を剃り、戒律を授けて正式に僧侶となし、末期《まつご》の弟子とした。

同十二日には門弟一同を集めて、遺誡《ゆいかい》した。


さらに仏道を求める心を発して、諸方を行脚《あんぎゃ》（旅）して修行を積みなさい。くれぐれも、私利私欲のためでなく、吾我《ごが》の心を捨て、自身を捨てて、ただ仏道のために仏道を修行しなさい。

そして、仏祖が正しく伝えられた教えと実践を、けっして衰えさせないように。


同十四日、いよいよ義介禅師の様態は悪化していた。弟子たちが集まり見まもるなか、義介禅師は筆を執って遺偈《ゆいげ》を書こうとした。

「七顚《しちてん》」の二文字を書かれたものの、それ以上自ら書くことができなかった。

瑩山禅師はその筆を受け取り、師の言葉をしたためた。

七顚八倒　九十一年（七顚八倒《しちてんばっとう》、九十一年）
蘆花覆雪　午夜月圓（蘆花《ろか》、雪を覆《おお》い、午夜《ごや》、月円《まど》かなり）
〈私の九十一年の生涯は七転八倒の苦渋の生涯であった。その生涯は、真理相（本来のあり方）から言えば、真白い蘆花（あしの種のわた）に白い雪が積もり覆うように、本来の仏が、仏の世界を、仏として生きたのであり、そして、現実相（現実のあり方）から言えば、午夜（夜の十二時）に満月が大地を明るく照らしそれぞれのものがそれぞれの姿を現しているように、日常のあたりまえの生活を精一杯生きたのである〉

まことに七転八倒の波瀾《はらん》の人生であった。
義介禅師の前半生は、道元禅師のもとで、その叢林《そうりん》（修行道場）を必死で

當山三立徹通大和尚

解夏偶示

七顧ノ煙　九十一年
蘆花庭上十五月圓
遠孫瑞永拜

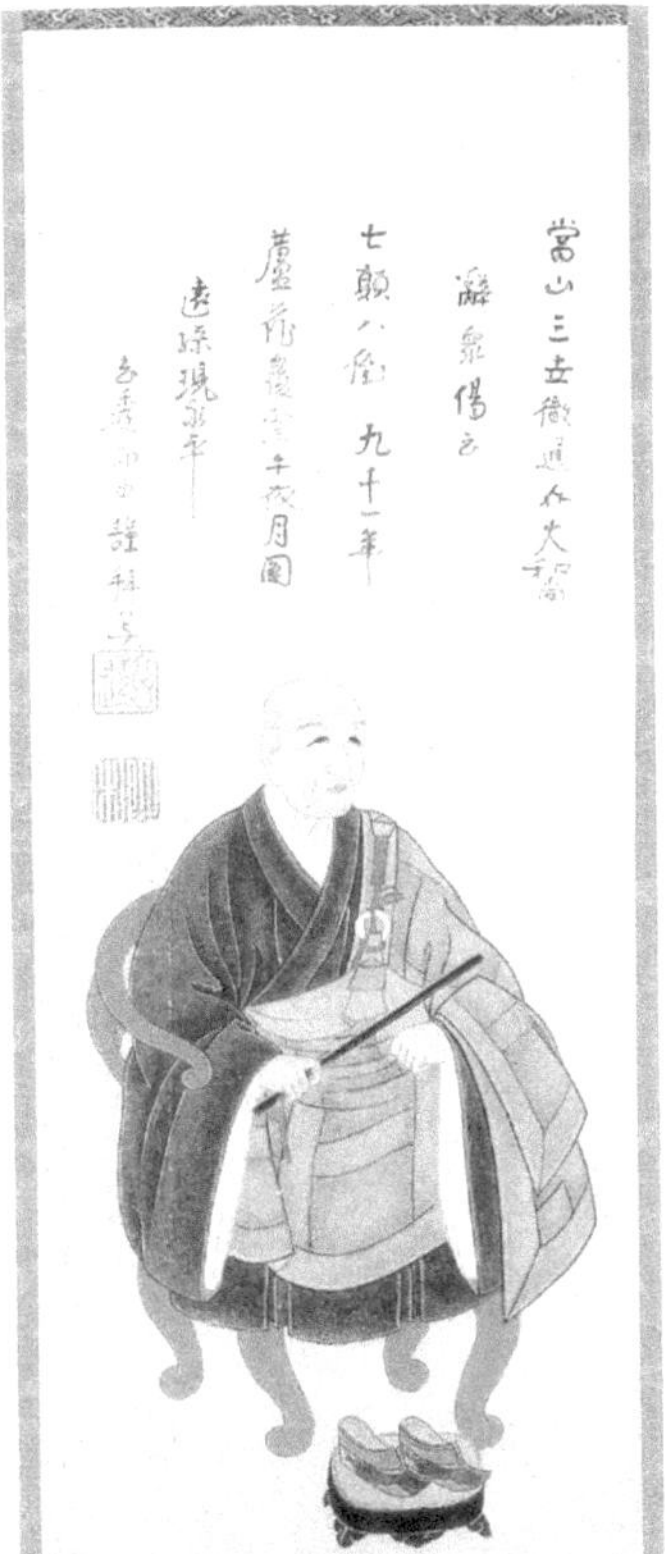

三世義介禅師頂相

支えた辛苦の修行時代であり、後半生は、永平寺の伽藍《がらん》を復興して、叢林の興隆につとめながらも、数年にして永平寺を退き、二十年余にわたり隠居の生活を送られた。

しかし晩年は、大乗寺《だいじょうじ》に道を開かれた義介禅師のもとに、偉大な瑩山禅師《けいざんぜんじ》がつき随《したが》って法を継承し、その瑩山禅師が永光寺《ようこうじ》や總持寺《そうじじ》を開き、その法系《ほうけい》が教団としての曹洞宗《そうとうしゅう》を大いに発展させてゆくのである。

曹洞宗の確立

道元禅師は、中国の如浄禅師より継承した仏法を「正伝《しょうでん》の仏法《ぶっぽう》」(正しく伝えられた釈尊の教え)といい、これを「禅宗」とか「曹洞宗」と呼ぶことを嫌い、自ら宗名を名乗ることを決してしなかった。

自ら伝えた坐禅《ざぜん》の仏法は、まさに釈尊から正しく真っ直《ますぐ》ぐに伝えられた仏法であり、決して一派閥ではないとの信念をもっていたからである。

しかし、その信念から、宗派を明確にしなかったこともあって、世の人々の中には、栄西禅師《えいさいぜんじ》の高弟《こうてい》であった明全和尚《みょうぜんおしょう》を師のように慕い、共に中国に渡った道元禅師を、明全和尚の弟子であり臨済宗《りんざいしゅう》の流れを汲《く》む禅者と思っていた者もいた。また、懐奘《えじょう》はじめ、義介《ぎかい》・義演《ぎえん》等、日本達磨宗《にほんだるましゅう》の僧侶がこぞって道元禅師の下に入門してその僧団を支えたので、これを日本達磨宗と見《み》紛《まが》う者もいたのである。

道元禅師―懐奘禅師―義介禅師と受け継がれた永平寺の仏法は、いったい中国の曹洞宗の流れに属するのか、それとも日本達磨宗の系統なのか、それとも栄西禅師の臨済宗の流れを汲むのか、人々は様々に受け取っていたのである。

道元禅師自身にとって、本師は如浄禅師《にょじょうぜんじ》であり、その如浄禅師は中国禅の曹洞宗の流れを汲んでいることを門下の者たちは認識していた。しかし世間は違っていた。それを世間にも明確にしなければならない時期が到来していた。特に瑩山禅師はその必要性を強く感じていたのである。

瑩山禅師は、道元禅師とともに如浄禅師のもとで修行した寂円《じゃくえん》禅師に親しく教え（中国の曹洞宗の教え）を受け、また義介禅師からは日本達磨宗の嗣書（日本達磨宗の法の継承の証《あかし》）を伝えられ、諸国行脚《あんぎゃ》の折りには京都の万寿寺《まんじゅじ》や東福寺《とうふくじ》などで臨済宗の教義を学び、さらに比叡山で天台教学も学んだのである。ここに自らの立場も誤解される可能性があった。

瑩山禅師は、今ここに仏法の伝承というものを明確にしておかなければ、道元禅師の「正伝の仏法」そのものが、後の世に歪《ゆが》められてしまう、「正伝の仏法」を純粋に存続させ、如浄禅師―道元禅師と伝承された仏法を純粋に伝承していくためにも、あえて道元禅師が嫌われた宗名を名乗らなければならない、今こそ「曹洞宗」と明確に宣言する必要性がある、と痛感していた。

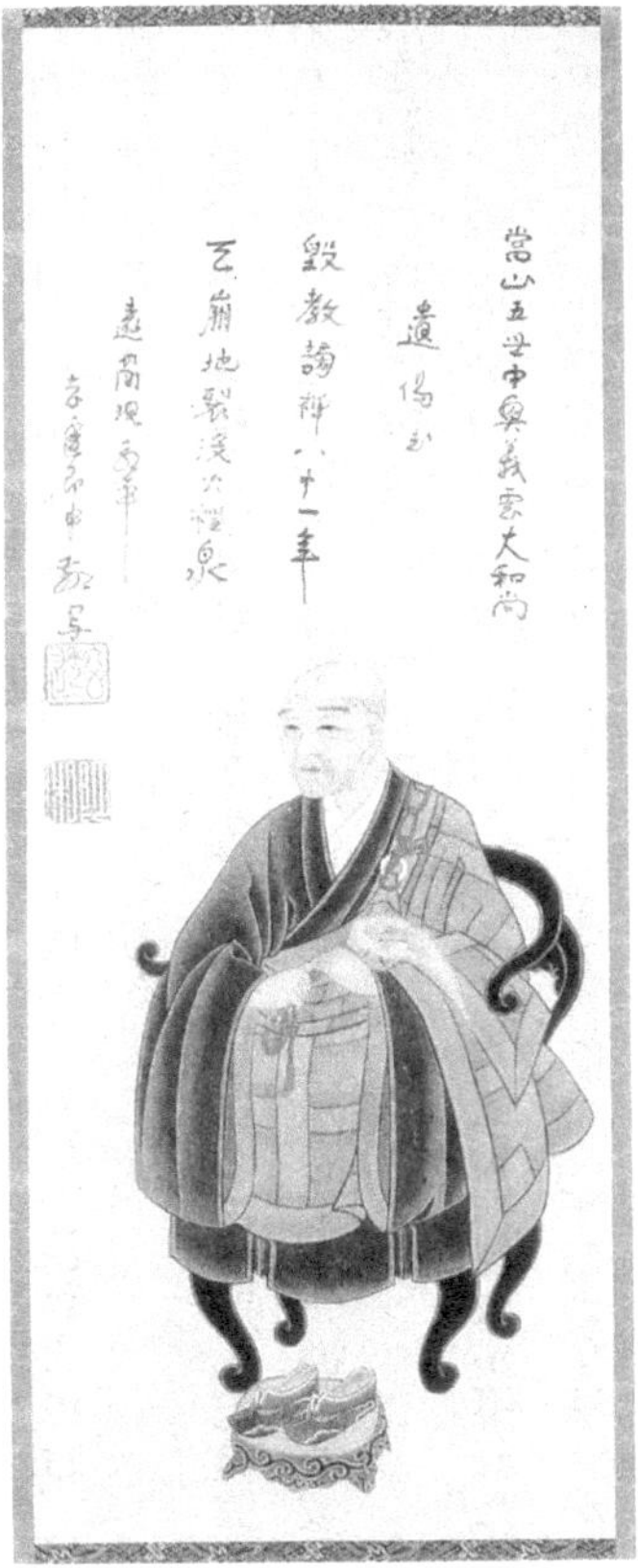

五世義雲禅師頂相

ついに瑩山禅師は、自ら開創《かいそう》した永光寺《ようこうじ》（石川県羽咋市《はくい》）に墓地（奥頭《おうとう》）を設置し、如浄禅師の語録《ごろく》、道元禅師の霊骨《れいこつ》、懐奘禅師の血経《けっきょう》（一行《いちぎょう》一礼《いちらい》の血書《けっしょ》経典）、義介禅師の嗣書《ししょ》、そして自らの嗣書を埋《うず》めて祀《まつ》り「五老峰《ごろうほう》」と名付け、自らに至る仏法の系譜《けいふ》を、中国の曹洞宗の流れを汲《く》む、日本の「曹洞宗」として、宣言するに至ったのである。

その後、永平寺は義演禅師の後を承《う》け、寂円禅師の法を嗣《つ》いだ義雲禅師が第五世となり、この法系の禅師たちが永平寺を継承して道元禅師の教えと実践を純粋に後世に伝えてゆくのである。

一方、瑩山禅師のもとには、峨山《がさん》・明峰《めいほう》という二大禅師ほか優れた弟子たちが輩出《はいしゅつ》し、明確に曹洞宗と自称して、道元禅師の「正伝の仏法」が全国に弘められてゆくことになるのである。

道元禅師が教える生きる智慧

＊『正法眼蔵随聞記』から抽出。現代語訳を添えた。

よくよく考えて言動を行うこと

○学道の人、言《ことば》を出《いだ》さんとせん時は、三度顧《かえり》みて、自利《じり》、利他《りた》のために利あるべければ是れを言ふべし。利なからん時は止むべし。是《かく》のごとき、一度にはしがたし。心に懸《か》けて漸々《ややや》に習ふべきなり。（巻一）

〈学道の人は、ものを言おうとする時、三度考えて、自分のためにも他人のためにも利益のあることならば言うのがよい。利益がなさそうなときには言うのをやめるべきである。このようなことは、すぐには行うのが難しい。心掛けて次第に努めるべきである〉

○おほよそ物を云はんとする時も、事を行はんとする時も、必ず三覆《さんぷく》して後《のち》に言ひ行ふべし。（巻五）

〈だいたい、ものを言おうとする時も、事を行おうとするときも、必ず三回考えて、その後に言ったり行ったりしなさい〉

一つのことに熟達すること

○衆事《しゅじ》を兼ね学して何《いず》れも能《よ》くもせざらんよりは、只《た》だ一事を能《よ》くして、人前にしてもしつべきほどに学すべきなり。……多般を兼ねれば、一事をも成ずべからず。（巻二）

〈いろいろなことを兼ねて学んで、どれも満足に出来ないというようなことではなく、それよりも、ただ一つのことよく行って、人前できちんとするることが出来るようになるように、学ぶべきである。……多くのことを兼ねてやろうとすると、一つの事も完成するものではない〉

善と悪ということ

○人の心元《もと》より善悪なし。善悪は縁に随っておこる。……善縁にあへばよくなり、悪縁に近づけばわるくなるなり。我が心本《もと》よりわるしと思ふことなかれ。ただ善縁に随ふべきなり。（巻六）

〈人の心には、もともと善とか悪とかはない。善悪は縁（条件）に随って生まれるのである。……善い縁に会えば善くなり、悪い縁に近づけば悪くなるのである。自分の心が最初から悪いと思ってはいけない。ただ善い縁に随うべきである〉

霧の中を行けば覚えざるに衣しめる

○古人の云く、「霧の中を行けば覚えざるに衣しめる」と。よき人に近づけ

ば、覚えざるによき人となるなり。（巻五）

〈昔の人が言っている、「霧の中を歩いて行くと、知らないうちに衣服が湿る」と。善い人に接していると、知らないうちに善い人になるのである〉

内面と外面が一致するように

○今、世出世間の人、多分は善事をなしては、かまへて人に識られんと思ひ、悪事をなしては人に知られじと思ふ。これに依りて内外不相応の事出来る。相構《あいかま》へて内外相応し、誤りを悔《く》い、実徳を蔵《かく》して、外相を荘らず、好事をば他人に譲り、悪事をば己に向ふる志気《しいき》有るべきなり。（巻二）

〈今、一般の人も出家の人も、多くの人は、善いことをすると、きちんと他人に知られたいと思い、悪いことをすると、他人に知られたくないと思う。だから内面と外面が相応しないことが出てくるのである。きちんと内面と外面が一致して、誤りは反省し、まことの徳は内に秘めて、外見を飾らず、他人が好むことは他人に譲り、他人が好まないことは自分が引き受けるくらいの気持ちがなければならない〉

明日を期待しないこと

○学道の人は後日を待って行道せんと思ふ事なかれ。ただ今日今時《こんにちこんじ》を過ごさずして、日々時々を勤むべきなり。（巻一）

〈学道の人は、後日を待って修行をしようと思ってはならない。ただ今日、この時を、むなしく過ごさないようにして、毎日毎日、一瞬一瞬を努めなければいけない〉

○学道の人はただ明日《みょうにち》を期《ご》する事なかれ。今日今時《こんにちこんじ》ばかり、仏に随って行

じゆくべきなり。（巻五）

〈学道の人は、明日を期待してはいけない。今日、いまだけ、と思って、仏の教えに随って修行しなければいけない〉

志を持つこと

○道を得ることは根《こん》の利《り》鈍《どん》には依らず。人々皆《みな》法《ほう》を悟るべきなり。ただ精進と懈《け》怠《たい》とによりて得道の遅《ち》速《そく》あり。進《しん》怠《たい》の不同は志の到ると到らざるとなり。（巻一）

〈真理を悟るということは、利発であるとか愚鈍であるとかによるのではない。人は皆、真理を悟ることができるはずである。ただ、努力しているか怠惰であるかによって遅いか速いかがある。努力と怠惰の違いは、志をしっかり持っているかどうかである〉

自分を磨くこと

○玉《たま》は琢磨《たくま》によりて器《うつわ》となる。人《ひと》は練磨《れんま》によりて仁《ひと》となる。何《いづれ》の玉かはじめより光ある。誰人《たれびと》か初心より利《り》なる。必ずみがくべし、すべからく練《ね》るべし。（巻五）

〈玉（宝石になる石）は磨くことによって立派な器になる。人間は修練することによって、立派な人間となる。どのような玉に、はじめから光輝いている玉があるだろうか。はじめからすばらしい人間がいるだろうか。必ず磨くべきである。必ず修練すべきである〉

＊『礼記』の「玉不琢、不成器。人不学、不知道」を踏まえた言葉

慈悲の心で教えること

○他の非を見て、わるしと思ふて、慈悲を以てせんと思はば、腹立つまじき様に方便して、傍《かたわら》の事を言ふ様にてこしらふべし。（巻二）

〈他人の間違いを見て、いけないと思い、慈悲心をもって教えてあげようと思ったら、その人が腹を立てないようにあれこれと手だてを考えて、人ごとでも言うようにして、それとなく教えてあげなさい〉

論争して相手を言い負かすのはよくない

○直饒《たとい》我れ道理を以て道《い》ふに、人僻事《ひがごと》を言ふを、理を攻めて言ひ勝つは悪《あし》きなり。次に、我れは現に道理と思へども、「我が非にこそ」と言って負けてのくもあしばやなると言ふなり。ただ人をも言ひ折らず、我が僻事にも謂ひ

おほせず、無為《むい》にして止めるが好《よ》きなり。耳に聴き入れぬ様にて忘るれば、人も忘れて怒らざるなり。（巻二）

〈たとえ自分が道理にかなったことを言い、相手が間違ったことを言っていても、理屈で攻め立てて言い負かすのはよくないことである。また、私の言い分の方が実際は道理にかなっていると思っていながら、負けて引き下がってしまうのも軽はずみである。ただ、言い負かせもせず、自分の間違いとも言わず、何事もなく止めるのがよい。耳に聞きいれないようにして忘れてしまえば、相手も忘れて怒らないものである〉

人のためにするということ

○人のために善《よ》き事を為《な》して、彼《か》の主《ぬし》に善《よ》しと思はれ悦《よろこ》ばれんと思ふてするは、悪《あ》しきに比《ひ》すれば勝《すぐ》れたれども、なほ是れは自身を思ふて、人のために実《まこと》に善きにはあらざるなり。主には知られずとも、人のためにうしろやすく、乃至《ないし》未来の事、誰がためと思はざれども、人のためによからん料《ばかり》の事を作《な》し置《お》きなんどするを、真《まこと》に人のために善きとは云ふなり。（巻四）

〈他人のために善いことをして、その人に善い人だと思われ、よろこばれようと思ってするのは、悪いことをするのに比べれば勝れているが、それでもこれは自分自身のことを（よく思われようと）思って（行っているので）、他人のために本当に善いことをしているのではないのである。相手に知られなくても、相手のためになるように、また、未来のことや誰のためになどと思わなくても、とにかく人のために善いであろう事を行っておこうとするのを、本当に人のために善いことと言うのである〉

自分の見解に固執しない

○学道の人、自解《じげ》を執《しゅう》する事なかれ。縦《たと》ひ所会《しょえ》ありとも、若《も》しまた決定《けつじょう》よからざる事もあらん、またこれよりもよき義もやあらんと思ふて、ひろく知識を訪《とぶら》ひ、先人の言《ことば》をも尋ぬべきなり。また先人の言《ことば》なれども堅く執する事なかれ。若しこれもあしくもやあらん、信ずるにつけてもと思ふて、勝れたる事あらば次第につくべきなり。（巻五）

〈学道の人は、自分の見解に固執することはいけない。たとえ自分が理解していることがあっても、〝もしかすると、それが正しくないかもしれない、またこれよりもよい意味があるかもしれない〟と思って、広く指導者を訪ねて、先人（先輩たち）の言葉を尋ね（調べ）てみるのがよい。また先人の言葉であっても、固執してはいけない。〝もしかすると、これも正しくないかもしれない、信用する場合でも（もう少しよく考えてみよう）〟

と思って、勝れていることがあれば、次第に従っていくのがよい。

真剣に行う

○作《な》す事の難《かた》きにはあらず。よくする事の難きなり。（巻四）

〈行うことが難しいのではない、よく行うことが難しいのである〉

【道元禅師法系関係図】

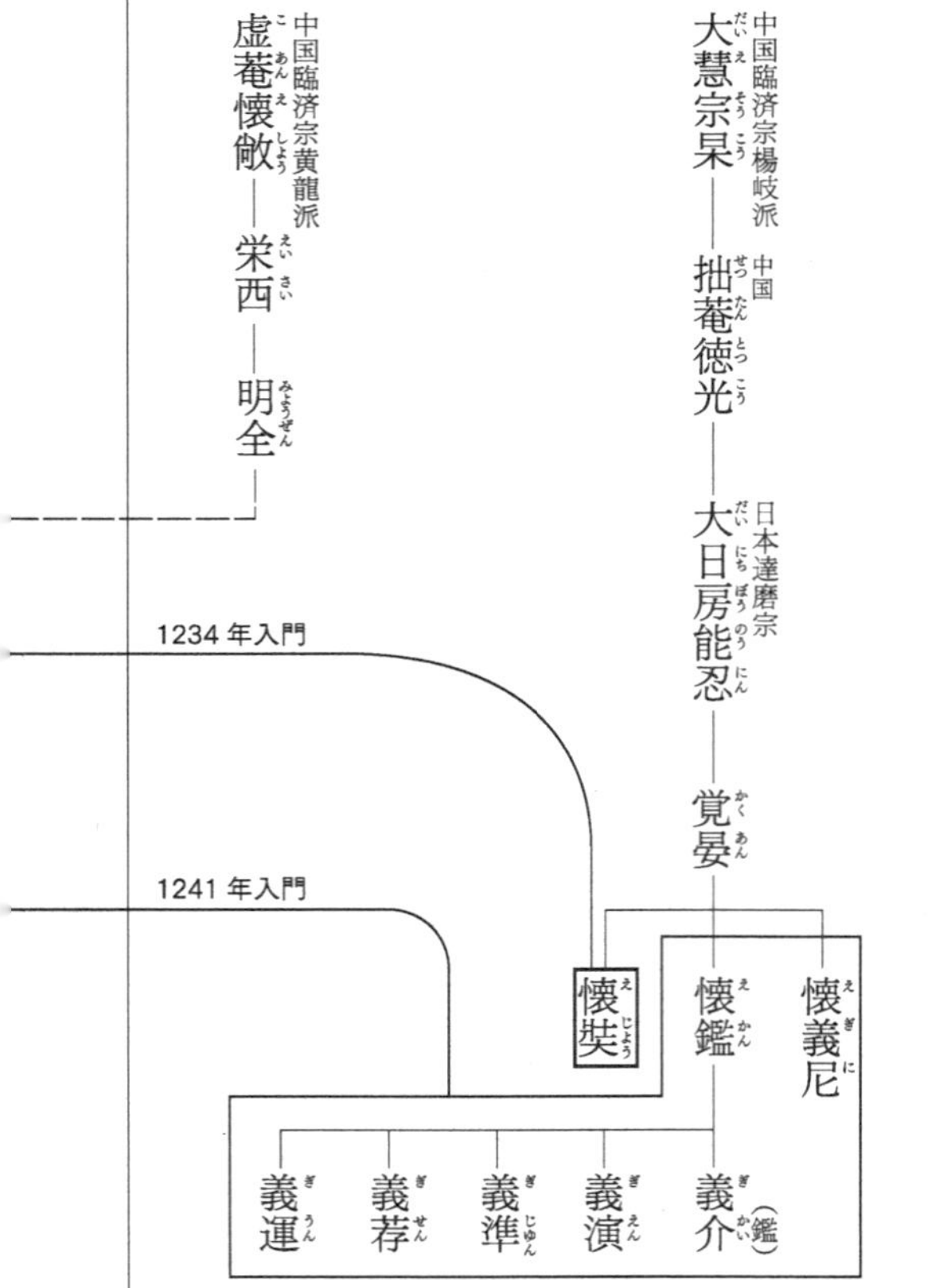

＊人名右肩、永平などは寺の略称、数字は住寺の歴世を示す。

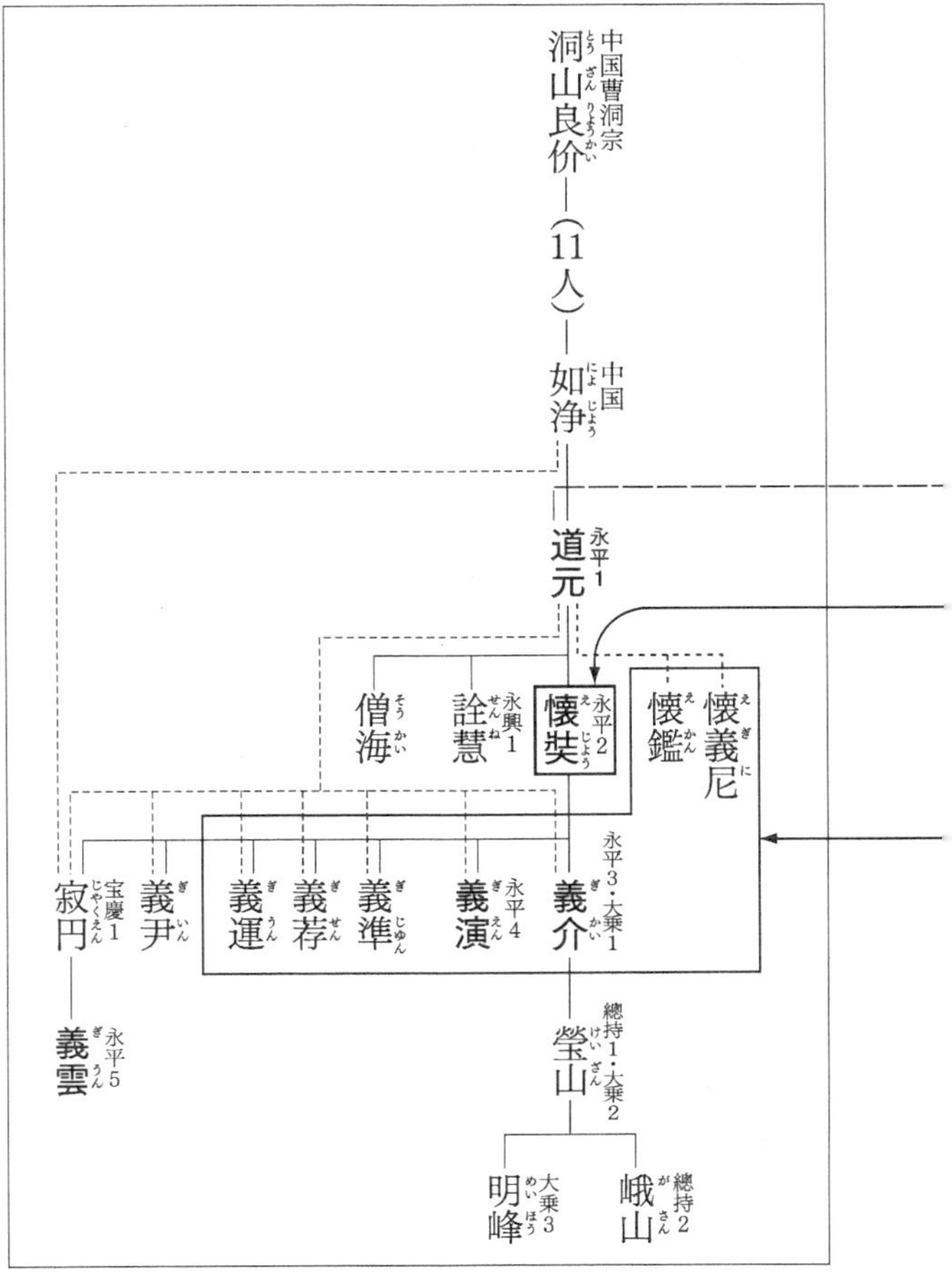

中国曹洞宗
洞山良价《とうざんりょうかい》
（11人）
中国
如浄《にょじょう》
道元
永平1
懐奘《えじょう》
永平2
詮慧《せんね》
永興1
僧海《そうかい》
懐鑑《えかん》
懐義尼《えぎに》
義介《ぎかい》
永平3・大乗1
義演《ぎえん》
永平4
義準《ぎじゅん》
義荐《ぎせん》
義運《ぎうん》
義尹《ぎいん》
寂円《じゃくえん》
宝慶1
義雲《ぎうん》
永平5
瑩山《けいざん》
總持1・大乗2
峨山《がさん》
總持2
明峰《めいほう》
大乗3

引用した資料

『正法眼蔵《しょうぼうげんぞう》』

道元禅師が正伝の仏法を明らかにするために、様々な主題《テーマ》をあげて、その主題について、仏祖の経論・語録等を引用しながら拈提《ねんてい》（解説）された法語を編集したもの。七十五巻本・十二巻本・六十巻本・二十八巻本の四種の古写本、選述・示衆年月日順に列べて江戸期に編纂された九十五巻本等がある。

『正法眼蔵随聞記《しょうぼうげんぞうずいもんき》』

道元禅師が嘉禎年間（一二三五〜一二三八）頃、懐奘はじめ門下の僧に示された教えを、懐奘が記録したもの。

『弁道話《べんどうわ》』

寛喜三年（一二三一）、正伝の仏法における坐禅の意義を、十八の問答（設問自答）を通して明らかにしたもの。

『普《ふ》勧《かん》坐《ざ》禅《ぜん》儀《ぎ》』

道元禅師が中国から帰国した安貞元年（一二二七）に、正伝の仏法における坐禅を広く一般に勧めるために、坐禅を行なう意義とその仕方について示したもの。


『学《がく》道《どう》用《よう》心《じん》集《しゅう》』

修行者のために修行の心得を書き示したもの。全十章からなる。


『典《てん》座《ぞ》教《きょう》訓《くん》』

道元禅師が嘉禎三年（一二三七）春、宇治の興聖寺で著したもの。典座（修行道場で食事を司る主任のこと）が重要な職であることを中国での体験を通して示し、食糧の調達から調理・給仕まで、食事全般についての典座の心得を説いたもの。


『宝《ほう》慶《きょう》記《き》』

道元禅師が中国で如浄禅師について、親しく教えをうけた時の記録。

『御《ご》遺《ゆい》言《ごん》記《き》録《ろく》』

建長五年（一二五三）四月二十七日から同八月六日までの、道元禅師と義介の会話を中心とした記録と、建長六年正月から同七年二月十四日に至る間に行われた、懐奘から義介への嗣法の儀礼や問答の記録。義介自身が記録したものとされる。


『宝《ほう》慶《きょう》寺《じ》由《ゆい》緒《しょ》記《き》』

宝慶寺十四世（永平寺十三世）の建綱《けんこう》（一四一三〜一四六九）が著したもの。福井県大野市にある薦《せん》福《ぷく》山《ざん》宝慶寺の由来を記したもの。開山（第一世）寂《じゃく》円《えん》の伝記や宝慶寺開創の経緯などが述べられている。


『永《えい》平《へい》寺《じ》三《さん》祖《そ》行《ぎょう》業《ごう》記《き》』

道元禅師・懐奘・義介の、永平寺三代の住持（住職）の伝記を集めたもの。作者は不明であるが、三祖の伝記としてはもっとも古い資料である。ほぼ同じ内容の『元《げん》祖《そ》孤《こ》雲《うん》徹《てつ》通《つう》三《さん》大《だい》尊《そん》行《ぎょう》状《じょう》記《き》』もある。

『永平広録《えいへいこうろく》』

道元禅師の語録、即ち上堂（法堂〈説法の道場〉での説法）・小参（方丈〈住持の部屋〉で修行僧が住持より親しく受けた教え）・法語（随時、師が弟子に仏法の道理を示した語）・頌古（昔の禅師たちの言行に対して詠んだ漢詩）等の内容を弟子の詮慧《せんね》・懐奘《えじょう》・義演《ぎえん》らが編集したもの。

『永平元禅師語録《えいへいげんぜんじごろく》』

道元禅師の語録。義尹《ぎいん》が『永平広録』を中国（宋）の無外義遠《むがいぎおん》のもとに持参し、校正を依頼し、その主なものを抜粋してまとめたもの。

『道元禅師和歌集《どうげんぜんじわかしゅう》』

道元禅師が詠んだ和歌を後人が編集したもの。江戸時代（一七四七年）に面山瑞方《めんざんずいほう》（一六八三〜一七六九）が校訂して「傘松道詠集《さんしょうどうえいしゅう》」と名称して刊行した。

参考図書

『永平寺史』(一九八二年九月、大本山永平寺刊)
『道元思想のあゆみ』1(一九九三年七月、吉川弘文館刊)
「永平寺三世徹通義介禅師さま」①〜⑭(角田泰隆著、一九九四〜一九九八年、曹洞禅グラフ連載)
『道元入門』(角田泰隆著、一九九九年十月、大蔵出版刊)
図録『大本山永平寺　瑠璃聖寶閣』(二〇〇二年九月、大本山永平寺刊)
『禅のすすめ—道元のことば—』(角田泰隆著、二〇〇三年三月、日本放送出版協会刊)
『徹通義介禅師研究』(二〇〇六年十二月、大法輪閣刊)
『敬礼大乗寺開山徹通義介禅師』(東隆眞著、二〇〇七年二月)

坐《ざ》禅《ぜん》ひとすじ

永平寺《えいへいじ》の礎《いしずえ》をつくった禅僧《ぜんそう》たち

角田《つのだ》泰隆《たいりゅう》

平成20年 2月25日　初版発行
令和7年 7月25日　7版発行

発行者●山下直久

発行●株式会社KADOKAWA
〒102-8177　東京都千代田区富士見2-13-3
電話　0570-002-301（ナビダイヤル）

角川文庫 15037

印刷所●株式会社KADOKAWA
製本所●株式会社KADOKAWA

表紙画●和田三造

ISBN978-4-04-407901-7　C0115

角川文庫発刊に際して

角川源義

第二次世界大戦の敗北は、軍事力の敗北であった以上に、私たちの若い文化力の敗退であった。私たちの文化が戦争に対して如何に無力であり、単なるあだ花に過ぎなかったかを、私たちは身を以て体験し痛感した。西洋近代文化の摂取にとって、明治以後八十年の歳月は決して短かすぎたとは言えない。にもかかわらず、近代文化の伝統を確立し、自由な批判と柔軟な良識に富む文化層として自らを形成することに私たちは失敗して来た。そしてこれは、各層への文化の普及滲透を任務とする出版人の責任でもあった。

一九四五年以来、私たちは再び振出しに戻り、第一歩から踏み出すことを余儀なくされた。これは大きな不幸ではあるが、反面、これまでの混沌・未熟・歪曲の中にあった我が国の文化に秩序と確たる基礎を齎らすためには絶好の機会でもある。角川書店は、このような祖国の文化的危機にあたり、微力をも顧みず再建の礎石たるべき抱負と決意とをもって出発したが、ここに創立以来の念願を果すべく角川文庫を発刊する。これまで刊行されたあらゆる全集叢書文庫類の長所と短所とを検討し、古今東西の不朽の典籍を、良心的編集のもとに、廉価に、そして書架にふさわしい美本として、多くのひとびとに提供しようとする。しかし私たちは徒らに百科全書的な知識のジレッタントを作ることを目的とせず、あくまで祖国の文化に秩序と再建への道を示し、この文庫を角川書店の栄ある事業として、今後永久に継続発展せしめ、学芸と教養との殿堂として大成せんことを期したい。多くの読書子の愛情ある忠言と支持とによって、この希望と抱負とを完遂せしめられんことを願う。

一九四九年五月三日